© 2025 José Antonio Gutiérrez Ortega (Autor principal)
© 2025 Mercedes Carolina Aguirre Oceguera (Coautora)

Todos los derechos reservados. Ninguna parte de este libro puede ser reproducida, distribuida o transmitida en cualquier forma ni por ningún medio, ya sea electrónico, mecánico, fotocopia, grabación u otros, sin el permiso previo y por escrito de los autores, excepto en el caso de citas breves con fines de reseña o comentario.

Citas bíblicas tomadas de la versión Reina-Valera 1960 (RVR1960).

"El primer trago del vaso de las ciencias naturales te convertirá en ateo, pero en el fondo del vaso Dios te está esperando."

— Werner Heisenberg
Premio Nobel 1932

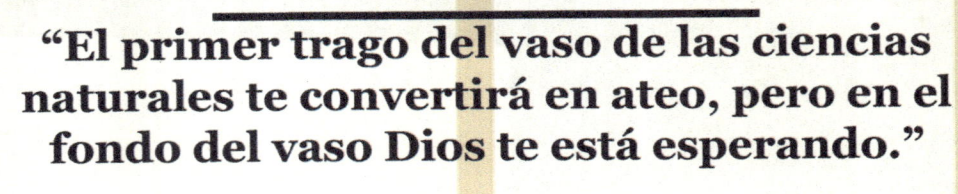

Dedicatoria

A nuestros lectores más pequeños y a quienes aún conservan la curiosidad de un niño. Que cada página de este libro les recuerde que la ciencia no es un obstáculo para ver a Dios, sino una puerta que nos lleva a admirar Su obra. Nuestro deseo es que, al aprender sobre el mundo que nos rodea, su corazón también se acerque más al Creador de todo.

Dedicamos este libro también a todos los que alguna vez han observado el cielo estrellado y se han preguntado: ¿Quién hizo todo esto?

Que los descubrimientos científicos sean como destellos de la luz de Dios en tu vida, y que al asombrarte con un átomo, una célula, el latido de tu corazón o el funcionamiento del cerebro, puedas reconocer que en todo lo creado hay una huella viva de Su amor eterno.

José Gutiérrez   **Mercedes Aguirre**

Introducción

La ciencia y la fe muchas veces se presentan como si estuvieran en oposición. Sin embargo, cuando observamos con atención el mundo que nos rodea, descubrimos que la ciencia no es enemiga de Dios, sino una ventana que nos permite contemplar con mayor claridad la grandeza de Su obra.

Este libro nace con el deseo de acercar a los lectores, en especial a los más pequeños y a las familias, al Dios que se revela tanto en las Escrituras como en la creación. Cada devocional está inspirado en un hecho científico, desde lo muy pequeño como átomos, hasta lo inmenso como las estrellas del cielo. Al reflexionar en estas maravillas, podrás ver cómo detrás de cada detalle existe el sello amoroso del Creador.

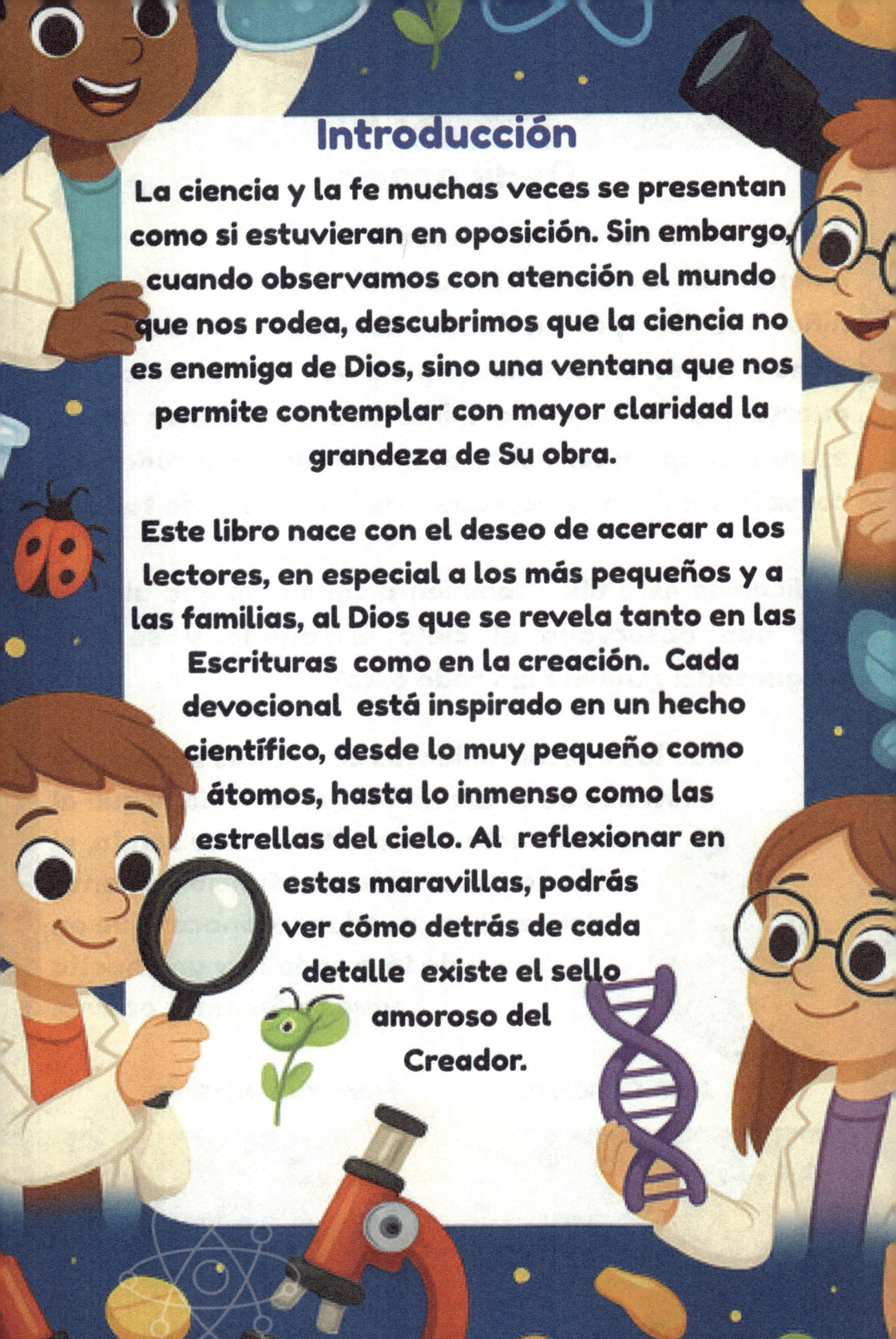

Encontrarás en estas páginas 50 devocionales que combinan datos científicos con enseñanzas bíblicas. Cada uno incluye una explicación sencilla, una reflexión, un reto práctico y una oración. La intención es que puedas aprender, maravillarte y, al mismo tiempo, acercarte más a Dios en tu vida diaria.

Te invitamos a leer un devocional por día, a detenerte en las ilustraciones y actividades, y a compartir lo aprendido con tu familia o amigos. Así, cada lectura será no solo un momento de aprendizaje, sino también una oportunidad para fortalecer tu fe.

Nuestro anhelo es que, al terminar este libro, no solo sepas un poco más de ciencia, sino que también experimentes la alegría de conocer más al Dios que diseñó todo con sabiduría y amor.

CONTENIDO

1. ¿Qué son las células y cómo funcionan?..........1
2. ¿Por qué necesitamos células para vivir?........3
3. ¿Cómo las células enferman y mueren?..........5
4. Los terremotos: ¿qué los causan y cómo pueden medirse?..7
5. Tesoros marinos: protegiendo la vida en los océanos...9
6. ¿Qué son las enfermedades genéticas y cómo se pueden prevenir?..11
7. ¿Cómo los genes determinan nuestras características físicas?..13
8. ¿Cómo se heredan los genes de nuestros padres?...15
9. ¿Cómo la genética puede ayudar a entender y tratar enfermedades?......................................17
10. ¿Cómo el cerebro nos permite ver, oír y sentir?..19

11. ¿Por qué soñamos y cómo el cerebro procesa los sueños?..21

12. ¿Cómo el cerebro nos permite aprender y recordar cosas?...23

13. ¿Cómo el cerebro controla nuestros movimientos corporales?...25

14. ¿Cómo procesa tu cerebro el lenguaje para que puedas comunicarte?...27

15. ¿Cuál es la relación entre el cerebro y nuestras emociones?..29

16. ¿Por qué algunas plantas son venenosas?.......31

17. ¿Cómo se convierten las semillas en plantas?..33

18. ¿Cuál es la planta más grande y la más pequeña del mundo?...35

19. ¿Por qué los delfines saltan fuera del agua?..37

20. ¿Cómo se comunican las abejas?.........................39

21. ¿Cómo se comunican las hormigas?....................41

22. ¿Por qué los camaleones cambian de color? 43

23. ¿Por qué las serpientes mudan su piel?...........45

24. ¿Por qué los perros olfatean todo?..................47

25. ¿Por qué algunos animales migran?..................49

26. ¿Cómo se mueven las arañas y por qué tejen telarañas?...51

27. ¿Por qué los pájaros cantan?...........................53

28. ¿Por qué los osos hibernan?............................55

29. ¿Qué son los microbios y cómo viven en nuestro cuerpo?..57

30. ¿Cómo se propagan las enfermedades?...........59

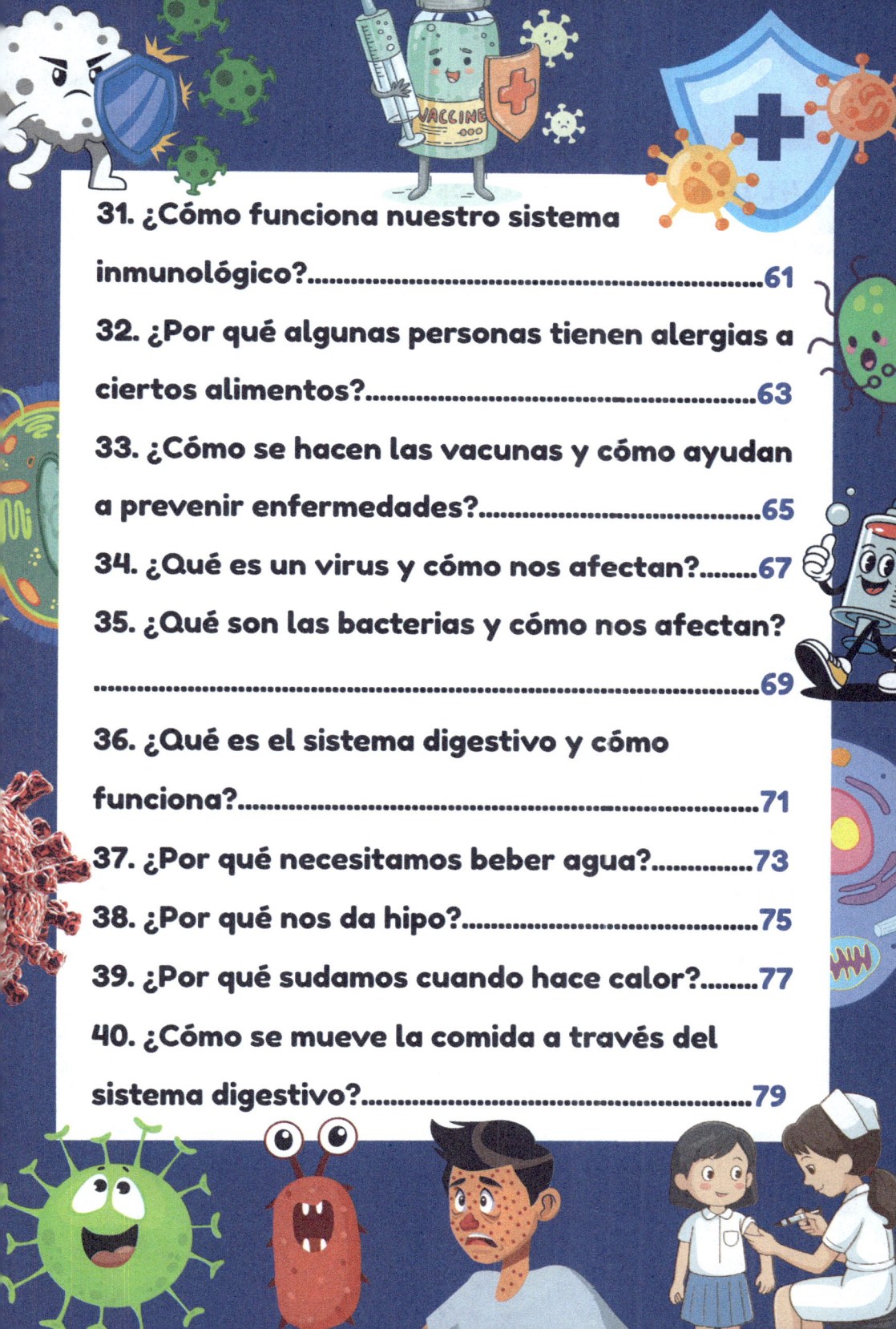

31. ¿Cómo funciona nuestro sistema inmunológico?...61

32. ¿Por qué algunas personas tienen alergias a ciertos alimentos?...63

33. ¿Cómo se hacen las vacunas y cómo ayudan a prevenir enfermedades?..65

34. ¿Qué es un virus y cómo nos afectan?..........67

35. ¿Qué son las bacterias y cómo nos afectan? 69

36. ¿Qué es el sistema digestivo y cómo funciona?..71

37. ¿Por qué necesitamos beber agua?...............73

38. ¿Por qué nos da hipo?......................................75

39. ¿Por qué sudamos cuando hace calor?.........77

40. ¿Cómo se mueve la comida a través del sistema digestivo?..79

41. ¿Por qué necesitamos respirar?..........................81

42. ¿Qué es el sistema circulatorio y cómo funciona?...83

43. ¿Qué es el sistema óseo y cómo funciona?...85

44. ¿Cómo se originaron los elementos químicos en el universo?...87

45. ¿Cómo se fabrican los plásticos?...................89

46. ¿Cómo se produce un diamante?..................91

47. ¿Por qué algunas sustancias son sólidas y otras líquidas o gaseosas?......................................93

48. ¿Qué son las reacciones químicas y cómo ocurren?..95

49. ¿Por qué algunas sustancias son tóxicas? 97

50. ¿Qué es un átomo y cómo los podemos ver? 99

¿QUÉ SON LAS CÉLULAS Y CÓMO FUNCIONAN?

¿Alguna vez te has preguntado qué hay dentro de ti que te mantiene vivo?

¡Te puedes sorprender al saber que tu cuerpo tiene alrededor de **37 billones de células!** Eso es un número tan grande que no cabe en los dedos de las manos ni de los pies. Las células son tan pequeñas que no se pueden ver sin un microscopio, pero hacen trabajos muy importantes.

Puedes imaginar que tu cuerpo es como una ciudad muy grande. En esa ciudad hay hospitales que sanan, camiones que llevan cosas, fábricas que producen energía, y hasta mensajeros que llevan recados. **Cada célula en tu cuerpo es como una parte de esa ciudad.** Algunas células llevan oxígeno, otras digieren la comida, unas limpian la basura, y otras te ayudan a moverte, pensar o sentir.

La Biblia dice en Salmos 139:14

Te alabaré; porque formidables, maravillosas son tus obras; estoy maravillado, y mi alma lo sabe muy bien.

¡Qué increíble es saber que Dios creó cada célula con un propósito especial! Aunque no las puedas ver, están trabajando todo el tiempo para que vivas, juegues, crezcas y sonrías. Dios te formó con muchísimo cuidado, como un artista que hace una obra maestra.

Reflexión:

Así como cada célula tiene un trabajo, tú también tienes un propósito especial en la gran historia de Dios. Él te creó con amor y para algo muy bueno.

Reto:

Dibuja una célula como si fuera una ciudad. Ponle fábricas, calles, camiones y hospitales. Luego cuéntale a alguien cómo funciona tu cuerpo gracias a esas pequeñas pero poderosas partes.

Oración:

Dios, gracias por haberme creado con tanto detalle. Ayúdame a cuidar mi cuerpo y a recordar que tú tienes un plan maravilloso para mí. Amén.

¿POR QUÉ NECESITAMOS CÉLULAS PARA VIVIR?

¿Te has preguntado alguna vez qué es lo que te permite correr, respirar, pensar o reír?

Aquí va un dato que asombra: ¡todas esas cosas las puedes hacer gracias a tus células! Cada parte de tu cuerpo, desde tus dedos hasta tu corazón, está hecha de **millones de células trabajando juntas** todo el tiempo.

Te puedes imaginar que tu cuerpo es como una gran fábrica de chocolates. Si una sola persona tratara de hacer todo, sería imposible. Pero si cada trabajador tiene su tarea, uno mezcla, otro empaca, otro revisa, entonces todo funciona perfecto. Así son tus células: **cada una tiene un trabajo especial** para que tú estés sano y lleno de energía.

La Biblia dice en Hechos 17:28

Porque en él vivimos, y nos movemos, y somos...

Algunas células transportan oxígeno, otras se encargan de la digestión, algunas te defienden de enfermedades y otras hacen que tus músculos se muevan. Si no tuvieras células, tu cuerpo no podría funcionar ni por un segundo. ¡Son los pequeños héroes que hacen que todo en ti cobre vida!

Dios es quien nos da la vida, y fue Él quien creó cada célula con sabiduría y amor. ¡Qué maravilloso es saber que todo en ti fue planeado por Él!

Reflexión:

Aunque las células son diminutas, sin ellas no podrías vivir. Así también, hay cosas que parecen pequeñas, pero que Dios usa para hacer cosas muy grandes. Tú eres una de esas maravillas.

Reto:

Escribe una lista con cinco cosas que puedes hacer gracias a tus células. Luego, dile a alguien lo asombroso que es el cuerpo que Dios diseñó.

Oración:

Señor, gracias por las células que creaste para darme vida. Ayúdame a cuidarme y a usarlas para hacer el bien. Amén.

¿CÓMO LAS CÉLULAS ENFERMAN Y MUEREN?

¿Te has preguntado por qué a veces uno se enferma, tiene fiebre o se siente débil?

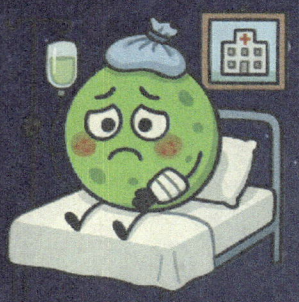

Aquí va un dato interesante: las enfermedades comienzan muchas veces cuando algunas células **dejan de funcionar bien o son atacadas por virus o bacterias.** Y sí, aunque no se vean, ¡las células también pueden enfermar y morir!

Te puedes imaginar que tus células son como un equipo de futbol. **Cada jugador tiene un papel importante.** Pero si uno se lesiona o juega mal, todo el equipo lo siente. Lo mismo pasa con tu cuerpo. Si algunas células se dañan o se enferman, puede afectar cómo respiras, piensas o te mueves.

La Biblia dice en Éxodo 15:26

Porque yo soy Jehová tu sanador.

¡Dios no solo creó tus células, también **puede ayudarte a sanar** cuando algo no va bien!

A veces, las células mueren porque ya terminaron su trabajo (eso es normal). Pero otras veces mueren porque algo las ataca, como un virus. ¡Por eso es tan importante cuidar lo que comes, cómo duermes y lavarte las manos!

Pero no estás solo. Dios nos dio un sistema de defensa en nuestro cuerpo llamado el sistema inmunológico. Son como soldaditos que protegen tus células y luchan para que estés sano.

Reflexión:

Aunque las células se enferman o mueren, Dios nos cuida y nos dio un cuerpo asombroso que puede recuperarse. Y aun cuando algo se daña, Él sigue teniendo el control.

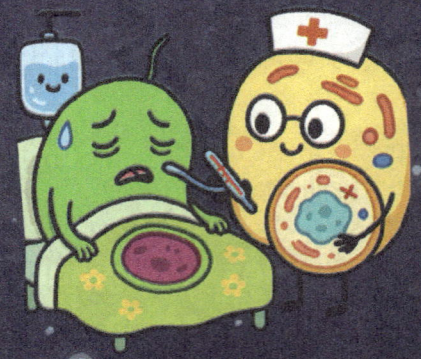

Reto:

Dibuja un escudo celular con ideas de cómo puedes cuidar tu cuerpo: buena comida, agua, descanso y oración. ¡Compártelo con tu familia!

Oración:

Dios, gracias por haberme hecho tan maravilloso. Ayúdame a cuidar mi cuerpo y confiar en ti cuando algo no funciona bien. Amén.

LOS TERREMOTOS: ¿QUÉ LOS CAUSAN Y CÓMO PUEDEN MEDIRSE?

¿Alguna vez has sentido que el suelo tiembla un poquito o has escuchado noticias sobre un terremoto?

Un dato sorprendente es que **cada día ocurren más de mil terremotos en la Tierra**, pero la mayoría son tan pequeños que no los sentimos. Los terremotos suceden cuando las placas de la Tierra, que son como piezas gigantes de un rompecabezas, se empujan unas a otras. Cuando se acumula mucha presión, ¡zas! se libera de golpe, y eso hace que el suelo tiemble.

Para saber qué tan fuerte fue un terremoto, los científicos usan una herramienta llamada **sismógrafo**. Este aparato mide las vibraciones del suelo y nos dice si el temblor fue suave como un susurro o fuerte como un trueno.

La Biblia dice en Salmos 46:1-2

Dios es nuestro amparo y fortaleza, nuestro pronto auxilio en las tribulaciones. Por tanto, no temeremos, aunque la tierra sea removida...

Qué tranquilidad da saber que, aunque algo malo suceda y la tierra se mueva, Dios sigue en control de todo. Él nunca nos abandona y siempre cuida de nosotros, incluso en los momentos difíciles. Su amor es más fuerte que cualquier temblor.

Reflexión:

A veces la vida puede temblar como la tierra, pero Dios es nuestra roca firme. Podemos confiar en Él siempre.

Reto:

Construye con bloques una torre resistente que no se caiga fácil. Luego platica con tu familia sobre cómo Dios es tu fuerza en los momentos difíciles.

Oración:

Señor, gracias por ser mi protección cuando todo se mueve a mi alrededor. Ayúdame a confiar en ti en todo momento. Amén.

TESOROS MARINOS: PROTEGIENDO LA VIDA EN LOS OCÉANOS

¿Te has preguntado qué maravillas se esconden en las profundidades del mar?

Un dato asombroso es que más del 80% del océano aún no ha sido explorado. ¡Imagínate cuántos peces, plantas, y criaturas sorprendentes viven ahí que nadie ha visto todavía!

Te puedes imaginar que el océano es como un enorme cofre del tesoro creado por Dios. Pero, en lugar de monedas de oro, está lleno de vida: caballitos de mar, tortugas, delfines, corales de colores y millones de peces pequeños y grandes. Cada uno de estos seres fue diseñado por Dios con un propósito especial.

La Biblia dice en Génesis 1:26

Y dijo Dios: Hagamos al hombre a nuestra imagen... y señoree en los peces del mar...

Pero hay un problema: muchos de esos tesoros marinos están en peligro. Basura, plásticos y contaminación están dañando su hogar. Dios nos dio ese hermoso cofre para cuidarlo, no para destruirlo. Eso significa que Dios nos confió los océanos para protegerlos. Somos los guardianes de ese tesoro.

Reflexión:

Dios nos dio un mar lleno de vida y belleza. Cada vez que cuidamos el agua, usamos menos plástico o aprendemos sobre los animales marinos, estamos haciendo nuestra parte como cuidadores del mundo.

Reto:

Piensa en una forma en la que tú puedas proteger la vida marina. ¿Tal vez usar menos bolsas de plástico? ¿Recoger basura en tu próxima visita a la playa? Haz un dibujo del océano que sueñas ver limpio y lleno de vida.

Oración:

Señor, gracias por los océanos y por todos los seres hermosos que creaste. Ayúdame a cuidar lo que hiciste con tanto amor. Amén.

¿Qué son las enfermedades genéticas y cómo se pueden prevenir?

¿Te has preguntado por qué algunas personas nacen con enfermedades que otras no tienen?

Un dato súper interesante es que **el cuerpo humano tiene más de 20,000 genes,** que son como pequeñas instrucciones que le dicen al cuerpo cómo debe funcionar. A veces, alguna de esas instrucciones no está escrita correctamente, y eso puede causar una enfermedad genética.

Te puedes imaginar que **los genes son como las recetas de un gran recetario.** Cada receta dice cómo hacer algo especial en tu cuerpo: el color de tus ojos, cómo crecen tus huesos o cómo funciona tu corazón. Pero, si en una receta falta un ingrediente o hay uno equivocado, el resultado no sale como se esperaba. Así funcionan muchas enfermedades genéticas.

La Biblia dice en Salmos 139:14

Te alabaré; porque formidables, maravillosas son tus obras; estoy maravillado, y mi alma lo sabe muy bien.

Aunque algunas no se pueden evitar, hay cosas que sí se pueden hacer para vivir más saludables: comer bien, hacer ejercicio, ir al médico y cuidar nuestro cuerpo como el regalo precioso que Dios nos dio.

¡Qué increíble saber que Dios nos creó con tanto detalle y cuidado! Aun cuando algo no funciona como debería, Él sigue teniendo un plan perfecto para cada vida.

Reflexión:

Cada cuerpo es único, con o sin enfermedades. Dios no se equivoca. Somos valiosos porque Él nos hizo así, y podemos cuidarnos como Él nos enseña.

Reto:

Investiga junto con tu familia una forma de tener hábitos más saludables esta semana

Oración:

Dios, gracias por crearme con tanto amor. Ayúdame a cuidarme cada día y a confiar en que tú tienes un plan especial para mí. Amén.

¿Cómo los genes determinan nuestras características físicas?

¿Te has preguntado por qué algunas personas tienen el cabello rizado, otras lacio, unos ojos cafés y otros ojos verdes?

El cuerpo humano está hecho por más de 37 billones de células, ¡y dentro de cada una hay un conjunto de instrucciones llamado ADN! Esas instrucciones están organizadas en genes, y ellos son los que dicen cómo será cada parte del cuerpo.

Los genes son como las piezas de LEGO. Cada pieza tiene un color, una forma y un lugar especial. Algunas determinan el color de piel, otras el tamaño de los pies, o si alguien será alto o bajito. Y lo más increíble es que esas piezas vienen mezcladas de papá y mamá, como si Dios usara dos juegos de LEGOs para construir algo totalmente nuevo: ¡tú!

La Biblia dice en Salmos 139:13

Porque tú formaste mis entrañas; tú me hiciste en el vientre de mi madre.

Qué emocionante saber que no somos un accidente. Dios eligió cada parte de nuestro cuerpo con sabiduría y amor.

Reflexión:

Cada persona fue diseñada de manera especial por Dios. No importa si alguien es más alto, más bajo, tiene pecas o cabello chino. ¡Todos reflejan la creatividad del Creador!

Reto:

Mira en un espejo y nombra cinco cosas físicas que te gustan de ti. Luego, dile gracias a Dios por cada una.

Oración:

Señor, gracias por hacerme como soy. Ayúdame a ver lo hermoso que hay en mí y en los demás. Amén.

¿CÓMO SE HEREDAN LOS GENES DE NUESTROS PADRES?

¿Alguna vez alguien te ha dicho: ¡Te pareces a tu papá! o ¡Tienes los ojos de tu mamá!?

Un dato súper interesante es que los seres humanos reciben la mitad de sus genes del papá y la otra mitad de la mamá, y esos genes son como pequeños mensajes que dicen cómo será cada parte del cuerpo.

Tu papá pone la mitad de las piezas, y tu mamá la otra mitad. Cuando se unen, forman un retrato único: ¡tú! Nadie en el mundo tiene exactamente el mismo rompecabezas que tú. Por eso, aunque te pareces a tus papás, también eres diferente. Es como si Dios tomara lo mejor de cada uno y creara algo totalmente nuevo.

La Biblia dice en Isaías 64:8

Ahora pues, Jehová, tú eres nuestro padre; nosotros barro, y tú el que nos formaste; así que obra de tus manos somos todos nosotros.

Qué maravilloso saber que Dios usó los genes de tus papás para formar algo único y valioso. No hay copia de ti. **¡Eres una creación especial de Dios!**

Reflexión:

Dios no solo pensó en tu forma de ser, también **eligió cuidadosamente cómo te verías**. Él te formó con amor, usando partes de tus padres, pero con un toque solo tuyo.

Reto:

Pregúntale a tus papás qué **características físicas heredaste de cada uno**. Luego, haz un dibujo que represente lo especial que eres.

Oración:

Dios, gracias por formarme con tanto cuidado y por usar a mis papás para crearme. **Ayúdame a ver lo especial que soy para ti.** Amén.

¿Cómo la genética puede ayudar a entender y tratar enfermedades?

¿Sabías que estudiar los genes puede ayudar a los doctores a descubrir por qué algunas personas se enferman y cómo ayudarlas?

Un dato súper interesante es que los científicos pueden observar muy de cerca los genes para encontrar errores, como si fueran letras mal escritas en un libro. A veces, esos errores causan enfermedades, pero cuando los encuentran, los doctores pueden buscar la mejor forma de tratarlas o prevenirlas.

Te puedes imaginar que los genes son como un gran recetario escrito por Dios. Cada receta dice cómo debe funcionar una parte de tu cuerpo. Si una receta tiene un error, el platillo no sale bien. Pero ahora, con la ayuda de la genética, los doctores pueden leer esas recetas con lupas especiales, encontrar dónde está el error y pensar cómo arreglarlo o qué ingredientes usar para que el cuerpo funcione mejor.

La Biblia dice en Proverbios 2:6

Porque Jehová da la sabiduría, y de su boca viene el conocimiento y la inteligencia.

¡Qué increíble es saber que Dios nos hizo tan maravillosos que incluso nuestros genes cuentan una historia de amor y diseño perfecto! Aunque a veces hay errores, Él ha dado sabiduría a las personas para entenderlos y ayudar a quienes lo necesitan.

Reflexión:

Dios conoce cada parte de nuestro cuerpo. Y aunque algo no funcione bien, Él nunca deja de cuidarnos y de poner personas sabias para ayudarnos.

Reto:

Aprende algo nuevo sobre el cuerpo humano esta semana y cuéntaselo a un amigo o familiar. ¡Comparte lo asombroso que es lo que Dios creó!

Oración:

Gracias Dios, por crearme tan maravillosamente. Ayuda a los médicos y científicos a encontrar formas de curar y ayudar a quienes lo necesitan. Amén.

¿Cómo el cerebro nos permite ver, oír y sentir?

¿Te has preguntado alguna vez cómo puedes ver un arcoíris, oír tu canción favorita o sentir lo rico que está un helado?

Un dato súper interesante es que el cerebro recibe miles de mensajes por segundo de los ojos, los oídos, la piel y otros sentidos, y los traduce en imágenes, sonidos, sabores y sensaciones. ¡Todo esto pasa más rápido que un rayo!

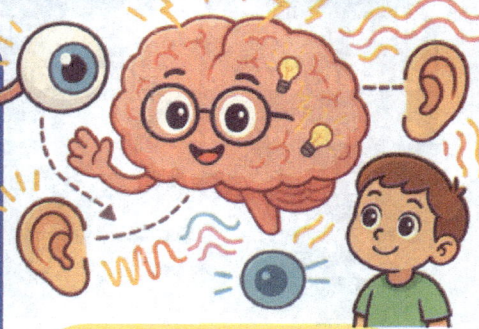

Te puedes imaginar al cerebro como una gran central de trenes. Cada sentido (vista, oído, olfato, tacto y gusto) es como una vía de tren diferente. Los mensajes, como si fueran vagones, viajan rapidísimo por esas vías hasta llegar a la estación principal: el cerebro. Ahí, el "jefe de estación" organiza todo y nos dice qué estamos viendo, oyendo o sintiendo.

La Biblia dice en Proverbios 20:12

El oído que oye, y el ojo que ve, ambas cosas igualmente ha hecho Jehová

¡Qué increíble es saber que Dios diseñó un cerebro tan especial para entender el mundo que nos rodea! Él pensó en cada detalle para que podamos disfrutar de los colores, los sonidos y los abrazos.

Reflexión:

Cada vez que se ve una flor, se escucha una canción o se saborea una fruta, se puede recordar que Dios hizo todo eso posible. ¡Él nos dio sentidos para disfrutar su creación!

Reto:

Haz una lista de cinco cosas que puedas ver, oír o sentir que te hacen sonreír, y dale gracias a Dios por cada una de ellas.

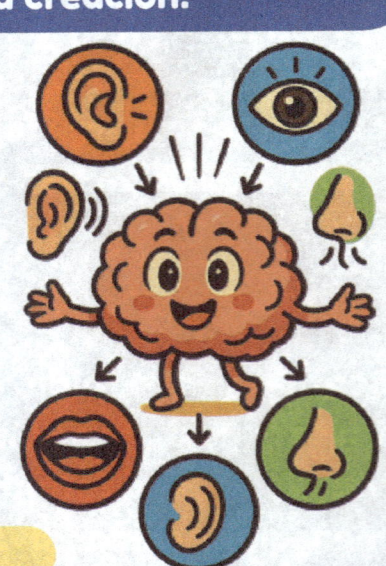

Oración:

Dios, gracias por el cerebro que creaste para que pueda ver, oír y sentir. Ayúdame a usar mis sentidos para conocerte mejor y cuidar lo que has hecho. Amén.

¿POR QUÉ SOÑAMOS Y CÓMO EL CEREBRO PROCESA LOS SUEÑOS?

¿Te has despertado alguna vez recordando un sueño muy raro o divertido?
¿Por qué soñamos cuando dormimos?

Un dato súper interesante es que **el cerebro nunca deja de trabajar,** ni siquiera cuando se está durmiendo. Mientras el cuerpo descansa, el cerebro organiza pensamientos, guarda recuerdos, y a veces crea sueños como si fueran pequeñas películas.

Te puedes imaginar al cerebro como una biblioteca gigante. Durante el día, se van guardando libros nuevos con todo lo que se ve, se oye y se aprende. Por la noche, el bibliotecario (que es como una parte especial del cerebro) acomoda esos libros, limpia lo que no sirve, y a veces mezcla historias para formar sueños. ¡Por eso a veces los sueños son tan extraños!

La Biblia dice en Salmos 4:8

En paz me acostaré, y asimismo dormiré; porque solo tú, Jehová, me haces vivir confiado

Es reconfortante saber que, aunque no se entienda todo sobre los sueños, **Dios cuida incluso el sueño de cada persona.** Él diseñó el cerebro de una manera maravillosa y está en control mientras se duerme.

Reflexión:

Así como el cerebro trabaja en silencio mientras se duerme, **Dios también está obrando en todo momento,** incluso cuando no se puede ver. Él cuida, guía y da paz.

Reto:

Antes de dormir esta noche, da gracias a Dios por el regalo del descanso y pídele que **cuide tus pensamientos y sueños.**

Oración:

Señor, **gracias por cuidar de mí mientras duermo.** Gracias por haber creado mi cerebro de forma tan asombrosa. Ayúdame a confiar en ti cada noche. Amén.

¿Cómo el cerebro nos permite aprender y recordar cosas?

¿Te has preguntado cómo es que puedes recordar el nombre de tu mascota, una canción o lo que aprendiste ayer en la escuela?

Un dato súper interesante es que el cerebro humano **puede guardar más información que una computadora muy potente.** ¡Y lo mejor es que sigue aprendiendo cosas nuevas cada día!

Te puedes imaginar al cerebro como una gran ciudad con calles y caminos. Cada vez que aprendes algo nuevo, como una palabra o una lección, **se construye un nuevo camino.** Y cuando recuerdas eso otra vez, ese camino se vuelve más fuerte y más fácil de seguir. Por eso, mientras más se practica algo, más fácil es recordarlo.

La Biblia dice en Isaías 28:26

Porque su Dios le instruye y le enseña lo recto

Dios quiere que se use bien el cerebro y que se aprenda con sabiduría. Él creó este órgano especial para que ayude a conocer, recordar y también para hacer cosas buenas con lo que se aprende.

Reflexión:

El cerebro no solo sirve para aprender, también ayuda a recordar las cosas buenas que Dios ha hecho. Cada recuerdo es una oportunidad para darle gracias a Él.

Reto:

Hoy, intenta aprender algo nuevo, como un versículo, una palabra difícil o cómo hacer algo que no sabías. Luego, cuéntaselo a alguien más.

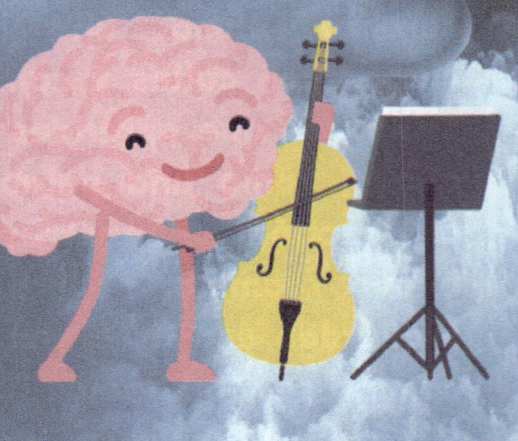

Oración:

Señor, gracias por mi cerebro. Gracias porque puedo aprender y recordar. Ayúdame a usar todo lo que aprenda para hacer el bien y para conocerte mejor. Amén.

¿Cómo el cerebro controla nuestros movimientos corporales?

¿Alguna vez te has preguntado cómo puedes mover los brazos, correr o incluso sonreír?

No hay botones visibles, ni controles remotos, pero aun así tu cuerpo responde en segundos.

¿Cómo lo hace?

Un dato asombroso es que el cerebro envía señales eléctricas a través de los nervios como si fueran cables, diciéndole a cada parte del cuerpo qué hacer. ¡Y lo hace rapidísimo!

Algunas señales viajan hasta 430 kilómetros por hora. ¡Más rápido que un auto de carreras!

La Biblia dice en Proverbios 16:9

El corazón del hombre piensa su camino; Mas Jehová endereza sus pasos

Te puedes imaginar que el cerebro es como un director de orquesta. Aunque no se ve en el escenario, da instrucciones a cada instrumento (como los brazos, piernas o los músculos de la cara) para que todos trabajen juntos y hagan una hermosa melodía. Si uno se adelanta o se atrasa, todo se nota, por eso el cerebro está muy atento, ordenando cada movimiento con precisión.

Reflexión:

A veces se olvida lo maravilloso que es simplemente poder caminar o jugar. Pero cada paso, cada salto, es un regalo de Dios. Aun cuando alguien no puede moverse con facilidad, Dios sigue teniendo un plan especial para su vida.

Reto:

Durante el día, agradece a Dios por cada parte de tu cuerpo. Cada vez que corras, brinques o aplaudas, recuerda que Dios hizo eso posible.

Oración:

Señor, gracias por mi cerebro y por cómo hiciste mi cuerpo. Ayúdame a usar mis movimientos para honrarte y ayudar a los demás. Amén.

¿CÓMO PROCESA TU CEREBRO EL LENGUAJE PARA QUE PUEDAS COMUNICARTE?

¿Te has puesto a pensar cómo es que puedes hablar, entender lo que otros dicen y hasta aprender nuevos idiomas?

Un dato Súper interesante es que hay una parte especial del cerebro llamada área de Broca que ayuda a formar las palabras, y otra llamada área de Wernicke que ayuda a entender lo que se escucha. ¡Tu cerebro es como una estación de radio que emite y recibe mensajes a toda velocidad!

Te puedes imaginar que el cerebro es como un centro de control en una torre de aeropuerto. Desde ahí, se da permiso para despegar (hablar), para aterrizar (escuchar) y se organiza todo para que no haya choques (malentendidos). Cada palabra que se dice o se escucha es como un avión que entra o sale. Y cuando se siguen las instrucciones correctas, todo funciona perfecto.

La Biblia dice en Colosenses 4:6

Sea vuestra palabra siempre con gracia, sazonada con sal, para que sepáis cómo debéis responder a cada uno.

Reflexión:

Dios creó el cerebro con un diseño asombroso, capaz de darnos lenguaje, ideas y canciones. Pero también espera que usemos ese regalo con sabiduría. Aunque el cerebro ayuda a hablar, el corazón decide cómo hablar. Las palabras pueden animar o lastimar. Por eso, es importante pedirle a Dios que nos ayude a usar nuestras palabras para bendecir a los demás.

Reto:

Hoy, intenta usar palabras que animen y ayuden a otros. Dile algo bonito a tu familia o tus amigos y recuerda que cada palabra tiene poder.

Oración:

Dios, gracias por darme un cerebro tan especial que me permite hablar, escuchar y aprender. Ayúdame a usar mis palabras con amor, como Tú quieres. Amén.

¿Cuál es la relación entre el cerebro y nuestras emociones?

¿Te ha pasado que un olor te hace recordar a tu abuelita, o que una canción te hace sonreír sin querer? ¿O tal vez llorar?

Un dato Súper interesante es que el cerebro tiene una parte llamada **sistema límbico**, que se encarga de **procesar las emociones**. Ahí es donde se despiertan la alegría, el enojo, la tristeza y muchas otras sensaciones que se sienten en el corazón… pero que comienzan en la cabeza.

Te puedes imaginar que **el sistema límbico es como una cabina de radio** dentro del cerebro. **Cada emoción es una estación diferente.** A veces se sintoniza la estación de la felicidad, otras veces la de la tristeza o el miedo. Y aunque no se pueda ver, todo lo que pasa alrededor (como palabras, sonidos o recuerdos) puede hacer que cambies de estación.

La Biblia dice en Salmos 34:18

Jehová está cerca de los quebrantados de corazón; y salva a los contritos de espíritu

Dios conoce cada emoción que sientes. Él mismo te diseñó así.

Reflexión:

Las emociones no son errores, son señales. Dios las puso en el cuerpo para sentir, aprender y crecer. Pero también dio la sabiduría para no dejarse llevar solo por ellas. Sentir está bien, pero confiar en Dios es aún mejor.

Reto:

Hoy, cada vez que sientas una emoción fuerte, detente un momento y pregúntale a Dios: ¿Qué quieres que aprenda con esto?

Oración:

Señor, gracias por darme emociones. Ayúdame a sentirlas sin miedo, a expresarlas con amor y a confiar siempre en que tú estás conmigo, aun cuando mi corazón se sienta confundido. Amén.

¿POR QUÉ ALGUNAS PLANTAS SON VENENOSAS?

¿Sabías que hay plantas tan venenosas que con solo tocarlas pueden causar comezón o dolor, y que otras pueden ser peligrosas si se comen?

Aunque parezca extraño, Dios diseñó algunas plantas con veneno como un tipo de defensa para protegerse de animales que podrían comérselas.
Un dato súper interesante es que la planta llamada belladona era usada hace muchos años por mujeres para agrandar sus pupilas, aunque en realidad es muy venenosa. ¡Increíble, pero peligroso!

Te puedes imaginar a una planta venenosa como un cartel de advertencia con letras gigantes que dice: ¡No me toques! Así como un erizo usa sus púas o un zorrillo su olor, estas plantas usan su veneno para decir: ¡Aléjate! No lo hacen por maldad, sino como una forma de cuidarse. Dios les dio ese sistema para sobrevivir, como parte de su diseño perfecto.

La Biblia dice en Proverbios 22:3

El avisado ve el mal y se esconde; Mas los simples pasan y reciben el daño

Reflexión:

En el mundo hay cosas hermosas, pero también peligrosas. Dios nos dio sabiduría para aprender a distinguir entre lo bueno y lo malo, y nos ama tanto que nos cuida incluso cuando no entendemos todo.

Reto:

Investiga junto a un adulto tres plantas venenosas que existen en tu país. Después, escribe una lista de formas en que puedes protegerte al explorar la naturaleza.

Oración:

Señor, gracias por crear un mundo lleno de maravillas. Ayúdame a ser sabio, a cuidar mi cuerpo y a seguir tus instrucciones. Amén.

¿CÓMO SE CONVIERTEN LAS SEMILLAS EN PLANTAS?

¿Te has preguntado alguna vez cómo de algo tan pequeño como una semilla puede salir una planta tan grande y llena de vida?

Un dato súper interesante es que, aunque las semillas parecen dormidas, llevan todo un plan dentro. Solo necesitan agua, tierra y luz para despertar. Cuando las condiciones son correctas, la semilla se abre, echa raíces y comienza a crecer hacia el cielo.

Te puedes imaginar que una semilla es como un huevo sorpresa. Por fuera se ve simple y sin mucho chiste, pero por dentro tiene algo increíble esperando el momento perfecto para salir. Con agua, tierra y sol, ese huevo se rompe y comienza a crecer una sorpresa viva: ¡una planta, un árbol o una flor llena de color!

La Biblia dice en 1 Corintios 1:27

Lo necio del mundo escogió Dios, para avergonzar a los sabios... y lo débil del mundo escogió Dios, para avergonzar a lo fuerte.

Una vez, un niño plantó una semilla de frijol en un vaso con algodón. Al principio no pasaba nada, pero después de unos días, un pequeño brote verde comenzó a asomarse. El niño se emocionó tanto que no dejaba de ver cómo crecía cada día. Así trabaja Dios: a veces no se nota de inmediato, pero Él está haciendo crecer algo bueno dentro de ti.

Reflexión:

Dios puede usar cosas pequeñas, como una semilla… o como tú. Él tiene grandes planes que ya puso en tu corazón. Aunque no siempre se ve lo que está haciendo, puedes confiar en que está obrando.

Reto:

Planta una semilla esta semana y cuídala cada día. Mientras lo haces, recuerda que Dios también está cuidando de ti y ayudándote a crecer.

Oración:

Señor, gracias por hacer crecer la vida en lugares pequeños. Ayúdame a confiar en que Tú estás trabajando en mi corazón. Amén.

¿CUÁL ES LA PLANTA MÁS GRANDE Y LA MÁS PEQUEÑA DEL MUNDO?

¿Te has preguntado alguna vez si existen plantas gigantescas o diminutas como un granito de azúcar?

Un dato Súper interesante es que la planta más grande del mundo es un alga marina llamada Posidonia oceanica. ¡Se encuentra en Australia y puede medir más de 180 kilómetros de largo! Por otro lado, la planta más pequeña conocida es una lenteja de agua llamada Wolffia. Esta plantita es tan pequeña que podría caber varias veces en la punta de un lápiz.

Te puedes imaginar que las plantas son como los miembros de una gran familia. Algunas son como los hermanos mayores que crecen muy alto y fuerte, y otras son como los bebés pequeñitos pero igualmente valiosos. Cada una tiene un propósito especial en la creación de Dios, sin importar su tamaño.

Posidonia oceanica   Wolffia

La Biblia dice en Salmos 104:24

¡Cuán innumerables son tus obras, oh Jehová! Hiciste todas ellas con sabiduría; La tierra está llena de tus beneficios.

Así como las plantas pequeñas pueden ser muy importantes, también las personas que parecen débiles o pequeñas pueden hacer cosas grandes cuando Dios está con ellas. ¡No se necesita ser gigante para tener un propósito poderoso!

Reflexión:

Así como Dios creó plantas de todos los tamaños y formas, también creó a cada persona con un valor único. Nadie es demasiado pequeño para ser usado por Dios.

Reto:

Observar durante el día tres plantas diferentes y agradece a Dios por su belleza, forma y función. Comparte con alguien lo que aprendiste.

Oración:

Señor, gracias por crear plantas grandes y pequeñas. Ayúdame a recordar que no importa mi tamaño o fuerza, tú puedes usarme para cosas maravillosas. Amén.

¿POR QUÉ LOS DELFINES SALTAN FUERA DEL AGUA?

¿Alguna vez has visto a un delfín dando un gran salto sobre el mar? ¡Es como si volara por un segundo! Pero, ¿por qué lo hacen?

Un dato Súper interesante es que los delfines no saltan solo para jugar (aunque sí les gusta). Lo hacen por muchas razones: para comunicarse con otros delfines, para observar su entorno, para viajar más rápido o incluso para deshacerse de bichitos molestos que se les pegan. ¡Cada salto tiene un propósito!

Te puedes imaginar a un delfín como un acróbata en el mar. Salta, gira, chapotea... y con cada movimiento, parece que está celebrando la vida. Así como una persona puede dar un salto de alegría cuando algo bueno pasa, el delfín también muestra emoción y energía con sus saltos.

La Biblia dice en Salmos 150:6

Todo lo que respira alabe a JAH. Aleluya.

Los delfines, al igual que tú, respiran... y aunque no cantan himnos como las personas, ¡alaban a Dios con sus saltos, sus silbidos y su alegría!

Reflexión:

A veces, la vida puede sentirse como si estuviéramos bajo el agua: con tareas difíciles o momentos tristes. Pero Dios nos da fuerza para saltar por encima de esos momentos, con gozo y esperanza. Así como el delfín no se queda siempre bajo el mar, tú tampoco debes quedarte atrapado en la tristeza.

Reto:

Hoy, haz algo que te haga sentir tan feliz como un delfín saltando: ríe, canta, baila o salta. Y mientras lo haces, dale gracias a Dios por darte alegría.

Oración:

Dios, gracias por los delfines y por enseñarme que puedo saltar de alegría en medio de todo. Ayúdame a vivir con gozo y a alabarte siempre. Amén.

¿Cómo se comunican las abejas?

¿Te has preguntado alguna vez cómo saben las abejas dónde están las flores más dulces?

Un dato Súper interesante es que las abejas no hablan como nosotros, pero **tienen un baile especial para decirles a sus compañeras dónde encontrar néctar.** ¡Sí, bailan! Cuando una abeja encuentra flores llenas de polen y néctar, regresa a la colmena y hace un baile. Según la dirección y la velocidad del baile, las demás abejas entienden exactamente dónde volar. **¡Como si tuvieran su propio GPS danzante!**

Te puedes imaginar que en la colmena de las abejas hay una especie de sala de baile, y cada abeja que entra trae una pista secreta. **No usan palabras, pero se entienden perfectamente.** ¡Qué increíble diseño!

La Biblia dice en Filipenses 2:2

Completad mi gozo, sintiendo lo mismo, teniendo el mismo amor, unánimes, sintiendo una misma cosa

Dios nos ha dado inteligencia, así como dio sabiduría a las abejas para cuidarse, comunicarse y trabajar juntas. Él quiere que también prestemos atención y sepamos cuándo hablar, cuándo escuchar, **y cómo ayudarnos unos a otros con amor.**

Reflexión:

Así como las abejas se comunican para cuidar su colmena, las personas debemos **usar nuestras palabras y acciones para edificar a los demás.** Dios nos dio la capacidad de hablar, pero también de comprender y cuidar con lo que decimos.

Reto:

Hoy, **intenta comunicar algo bueno con tus palabras:** un gracias, un te quiero, o un ¿puedo ayudarte?. ¡Y observa cómo cambia el día de alguien más!

Oración:

Señor, gracias por las abejas y su forma tan especial de comunicarse. **Enséñame a usar mis palabras y acciones para bendecir a otros y para escucharte a Ti.** Amén.

¿Cómo se comunican las hormigas?

¿Alguna vez te has preguntado cómo las hormigas saben exactamente a dónde ir o qué hacer, sin hablar como tú y yo?

Un dato Súper interesante es que las hormigas se comunican usando olores especiales llamados feromonas. Cuando una hormiga encuentra comida, deja un caminito invisible de olor para que otras la sigan. Así trabajan juntas como un gran equipo, sin decir ni una palabra.

Te puedes imaginar a un grupo de niños en una carrera de relevos, donde cada uno debe pasar la estafeta al siguiente. Si uno se distrae o no está atento, el equipo pierde. Pero si todos están enfocados y siguen las señales correctas, ¡pueden ganar! Así funcionan las hormigas: cada una hace su parte guiada por señales invisibles, trabajando juntas como un solo cuerpo.

La Biblia dice en Proverbios 6:6

Mira a la hormiga, oh perezoso, mira sus caminos, y sé sabio

Dios creó a las hormigas con una forma increíble de comunicarse y colaborar. Aunque son pequeñas, hacen cosas enormes porque trabajan unidas, obedientes y ordenadas. Eso nos enseña que, aunque uno parezca pequeño, si escucha, coopera y hace su parte, puede lograr grandes cosas con la ayuda de Dios.

Reflexión:

Así como las hormigas se entienden sin hablar, Dios también quiere que seamos atentos, serviciales y trabajadores, incluso cuando nadie nos dice qué hacer. Él ve nuestro esfuerzo, y le agrada cuando servimos con alegría.

Reto:

Durante esta semana, busca una forma de ayudar en casa o en la escuela sin que nadie te lo pida. Hazlo como si fueras parte de un gran equipo.

Oración:

Señor, gracias por enseñarme a través de las hormigas que trabajar con otros y obedecer es valioso. Ayúdame a hacer mi parte con amor y alegría. Amén.

¿POR QUÉ LOS CAMALEONES CAMBIAN DE COLOR?

¿Te imaginas poder cambiar el color de tu ropa con solo pensarlo? ¡Eso es parecido a lo que hacen los camaleones!

Un dato Súper interesante es que los camaleones cambian de color no solo para esconderse, sino también para expresar cómo se sienten o para regular su temperatura. Lo hacen gracias a unas células especiales en su piel que reflejan la luz de forma diferente. ¡Es como si tuvieran una ropa mágica que cambia con su estado de ánimo o el clima!

Te puedes imaginar que el camaleón tiene un guardarropa invisible que reacciona a lo que ocurre a su alrededor. Si hace calor, se pone más claro. Si está asustado o enojado, cambia a tonos más intensos. ¡No necesita palabras para decir cómo se siente, su piel lo dice todo!

La Biblia dice en 1 Samuel 16:7b

Jehová no mira lo que mira el hombre; pues el hombre mira lo que está delante de sus ojos, pero Jehová mira el corazón.

Aunque un camaleón puede cambiar su aspecto por fuera, Dios no se fija en los colores o apariencias externas. Él ve lo que hay en lo profundo del corazón. Cambiar por fuera no tiene sentido si lo de adentro no está bien.

Reflexión:

A veces se quiere aparentar algo que no se es, como cuando se actúa bien solo para que otros lo vean. Pero Dios quiere sinceridad. Lo que verdaderamente importa es tener un corazón que refleje amor, bondad y verdad, sin necesidad de cambiar de color para agradar a los demás.

Reto:

Haz algo bueno esta semana sin decirle a nadie. Deja que tu corazón sea lo que hable más fuerte que tus palabras o tu apariencia.

Oración:

Señor, ayúdame a no preocuparme tanto por cómo me veo por fuera, sino por lo que hay en mi corazón. Enséñame a vivir con sinceridad y a agradarte con lo que soy. Amén.

¿POR QUÉ LAS SERPIENTES MUDAN SU PIEL?

¿Te has preguntado por qué las serpientes se quitan la piel como si fuera ropa vieja?

Un dato Súper interesante es que las serpientes mudan su piel porque no les crece con ellas. A medida que su cuerpo crece, su piel se queda chica, así que deben cambiarla. Este proceso se llama ecdisis y ocurre varias veces en su vida. Es como si renovaran su traje para seguir creciendo fuertes y sanas.

Te puedes imaginar que una serpiente es como un niño que va creciendo y cada cierto tiempo necesita ropa más grande. Pero en lugar de ir de compras, ¡simplemente se desliza fuera de su piel antigua y estrena una nueva! Este cambio también ayuda a quitar parásitos o heridas, y las deja limpias y relucientes.

La Biblia dice en 2 Corintios 5:17

De modo que si alguno está en Cristo, nueva criatura es; las cosas viejas pasaron; he aquí todas son hechas nuevas.

Así como las serpientes dejan atrás su piel vieja, los hijos de Dios también dejan atrás lo malo del pasado. Cuando alguien cree en Jesús, Dios le da una nueva vida y comienza a transformar su corazón. ¡Es como una muda espiritual!

Reflexión:

A veces se guardan actitudes o hábitos que ya no sirven, como el enojo, la mentira o el egoísmo. Pero con la ayuda de Dios, se pueden dejar atrás y comenzar de nuevo.

Reto:

Piensa en una actitud que no agrada a Dios, como responder con enojo, quejarse mucho o no obedecer a tus papás. Durante esta semana, cada vez que esa actitud aparezca, recuerda que puedes "mudarte" como la serpiente y elegir actuar con amor, paciencia y obediencia.

Oración:

Señor, gracias porque tú haces todo nuevo. Ayúdame a dejar lo que no te agrada y a crecer con un corazón limpio y obediente. Amén.

¿POR QUÉ LOS PERROS OLFATEAN TODO?

¿Te has preguntado por qué los perros siempre están oliendo el suelo, los zapatos o hasta a otros perros?

Un dato Súper interesante es que el sentido del olfato de los perros es entre 10 mil y 100 mil veces más poderoso que el de los humanos. ¡Ellos pueden detectar olores que ni siquiera podemos imaginar! Su nariz es como una supermáquina de exploración que los ayuda a descubrir todo lo que está a su alrededor.

Te puedes imaginar que los perros usan su olfato como si fuera un radar. Así como un detective sigue pistas para resolver un misterio, los perros huelen para saber quién pasó por ahí, qué comió, y si algo es peligroso o divertido. Para ellos, oler es como leer un periódico lleno de noticias interesantes.

La Biblia dice en 1 Tesalonicenses 5:21

Examina todo; retén lo bueno

Dios quiere que, al igual que los perros están atentos a lo que huelen, nosotros estemos atentos a lo que sucede a nuestro alrededor. No con la nariz, claro, sino usando la sabiduría que Él nos da para distinguir lo bueno de lo malo y alejarnos de lo que nos puede hacer daño.

Reflexión:

Así como los perros siguen los olores para encontrar lo que buscan, cada persona necesita aprender a seguir la voz de Dios para caminar por el mejor camino. Él siempre está dispuesto a guiar a quienes lo buscan con todo el corazón.

Reto:

Esta semana, antes de tomar una decisión, pide a Dios que te ayude a escoger lo que es bueno y sabio. ¡No te apresures, escucha su dirección!

Oración:

Señor, gracias porque me cuidas y me das sabiduría. Ayúdame a estar atento como un perrito curioso, y a seguir siempre tu voz. Amén.

¿POR QUÉ ALGUNOS ANIMALES MIGRAN?

¿Te has preguntado por qué algunas aves, mariposas o ballenas viajan miles de kilómetros cada año?

Un dato Súper interesante es que la migración es un viaje que hacen muchos animales para encontrar comida, un lugar más cálido o un sitio seguro para tener crías. Algunos, como la mariposa monarca, pueden viajar hasta 4,500 kilómetros, ¡y lo hacen siguiendo una ruta que nunca han recorrido antes!

Te puedes imaginar que estos animales tienen un mapa invisible en su corazón, puesto ahí por Dios. Así como un GPS guía a las personas por caminos desconocidos, Dios ha diseñado a cada especie con la capacidad de orientarse y saber hacia dónde ir, aunque nunca lo hayan hecho antes.

La Biblia dice en Salmos 48:14

Porque este Dios es Dios nuestro eternamente y para siempre; Él nos guiará aún más allá de la muerte.

Así como Dios guía a las aves a cruzar océanos y a las ballenas a nadar miles de kilómetros, también guía la vida de cada persona. Incluso cuando no se sabe con claridad a dónde se va, Él tiene un plan y un destino preparado.

Reflexión:

Los animales migran confiando en el instinto que Dios les dio. Las personas también pueden confiar en que Dios sabe cuál es el mejor camino, incluso cuando no todo está claro. Él nunca se equivoca en la dirección.

Reto:

Piensa en una decisión que tengas que tomar pronto. Esta semana, ora pidiendo a Dios que te muestre el camino correcto, así como guía a los animales en sus viajes.

Oración:

Señor, gracias porque me guías siempre. Ayúdame a seguir tu dirección con confianza, como los animales siguen el camino que Tú les marcas. Amén.

¿CÓMO SE MUEVEN LAS ARAÑAS Y POR QUÉ TEJEN TELARAÑAS?

¿Te has preguntado alguna vez cómo las arañas pueden caminar por paredes o colgarse de un hilo sin caerse?

Un dato Súper interesante es que las arañas tienen pequeños ganchos y pelitos en sus patas que les permiten sujetarse casi a cualquier superficie. Además, producen un hilo de seda increíblemente fuerte, ¡más resistente que el acero del mismo grosor! Usan esta seda para construir telarañas que les sirven como casa, trampa para atrapar alimento y hasta como cuerda para moverse de un lugar a otro.

Te puedes imaginar que la araña es como una ingeniera experta que, sin usar reglas ni planos, construye su casa perfecta. Cada hilo lo coloca con cuidado, formando un diseño hermoso y resistente, todo con el propósito de sobrevivir y cumplir su misión.

La Biblia dice en Eclesiastés 3:1

Todo tiene su tiempo, y todo lo que se quiere debajo del cielo tiene su hora

Así como la araña sabe exactamente cuándo y cómo tejer su telaraña, Dios también sabe cuándo y cómo mover cada detalle en la vida. Él nos enseña que hay momentos para trabajar, para descansar, para aprender y para esperar.

Reflexión:

Las arañas no tejen al azar; cada hilo tiene un propósito. Así también, Dios está tejiendo nuestra vida con cuidado y precisión. Puede que a veces no entendamos el diseño, pero podemos confiar en que Él sabe lo que hace.

Reto:

Observa una telaraña esta semana (de lejos, sin tocarla) y fíjate en los detalles. Luego, piensa en algo que Dios esté construyendo en tu vida y agradécele por ello.

Oración:

Señor, gracias por enseñarme a través de las arañas que cada detalle importa. Ayúdame a confiar en tu plan y a trabajar con paciencia en lo que me has llamado a hacer. Amén.

¿POR QUÉ LOS PÁJAROS CANTAN?

¿Te has detenido alguna vez a escuchar el canto de los pájaros por la mañana?

Un dato Súper interesante es que los pájaros cantan por varias razones: para comunicarse entre ellos, para marcar su territorio y, en muchos casos, para atraer a una pareja. Algunos cantos son tan complejos que parecen verdaderas canciones, con diferentes tonos y repeticiones.

Te puedes imaginar que cada pájaro es como un músico en una gran orquesta natural. Uno toca una melodía aguda, otro responde con notas graves, y juntos forman una sinfonía que alegra el amanecer. No necesitan partituras ni micrófonos, porque **Dios les dio un instrumento perfecto: su voz.**

La Biblia dice en Salmos 100:1

Cantad alegres a Dios, habitantes de toda la tierra.

Así como los pájaros usan su canto para comunicarse y alegrar el día, Dios quiere que las personas usen su voz para alabarlo y dar palabras que animen a otros. No se trata solo de cantar bien, sino de tener un corazón agradecido que quiera expresar lo que Dios ha hecho.

Reflexión:

El canto de los pájaros nos recuerda que siempre hay un motivo para dar gracias. Aun en días nublados, ellos siguen cantando. Así también, aun en los días difíciles, se puede alabar a Dios y confiar en que Él cuida de todo.

Reto:

Cada mañana de esta semana, escucha el canto de algún pájaro y toma un momento para dar gracias a Dios por algo bueno en tu vida.

Oración:

Señor, gracias por llenar el mundo con el canto de los pájaros. Ayúdame a usar mi voz para darte gracias y para animar a quienes me rodean. Amén.

¿POR QUÉ LOS OSOS HIBERNAN?

¿Te has preguntado alguna vez por qué los osos duermen durante todo el invierno?

Un dato Súper interesante es que la hibernación es una forma especial en la que los osos ahorran energía cuando hace mucho frío y hay poca comida. Antes de que llegue el invierno, comen bastante para guardar grasa en su cuerpo. Luego, se refugian en cuevas o madrigueras y su cuerpo baja de temperatura, su respiración se hace más lenta y pueden pasar meses sin comer ni beber.

Te puedes imaginar que un oso hibernando es como un celular que entra en "modo ahorro de energía". Mientras el invierno pasa afuera, él descansa protegido, esperando el momento perfecto para volver a salir y seguir con su vida.

La Biblia dice en Salmos 4:8

En paz me acostaré, y asimismo dormiré; porque solo tú, Jehová, me haces vivir confiado

Así como el oso hiberna confiado en su refugio, las personas pueden descansar sabiendo que Dios cuida de ellas. A veces, la vida tiene momentos en los que es mejor detenerse, recargar fuerzas y esperar en Dios, en lugar de correr sin parar.

Reflexión:

La hibernación de los osos nos recuerda que el descanso también es parte del plan de Dios. No todo es actividad y trabajo; también hay momentos para pausar y confiar en que Él sigue obrando mientras descansamos.

Reto:

Esta semana, toma un tiempo para estar tranquilo y hablar con Dios, sin distracciones. Puede ser antes de dormir o al despertar, agradeciéndole por cuidarte siempre.

Oración:

Señor, gracias porque me enseñas que el descanso es importante. Ayúdame a confiar en ti en todo momento, y a recargar mis fuerzas en tu presencia. Amén.

¿QUÉ SON LOS MICROBIOS Y CÓMO VIVEN EN NUESTRO CUERPO?

¿Te has preguntado alguna vez si hay seres vivos tan pequeños que no se pueden ver ni con lupa?

Un dato Súper interesante es que en nuestro cuerpo hay más microbios que células humanas. Se encuentran en la piel, en la boca y, sobre todo, en el estómago. Nos ayudan a digerir los alimentos, a protegernos de enfermedades y a mantenernos fuertes.

Te puedes imaginar que tu cuerpo es como una gran ciudad. En ella, los microbios buenos son como los trabajadores que mantienen limpias las calles, reparan lo que se rompe y ayudan a que todo funcione bien. Pero a veces llegan visitantes problemáticos (microbios malos) y hay que defender la ciudad con el equipo de seguridad que Dios puso en nosotros: el sistema inmunológico.

La Biblia dice en Jeremías 10:12

El que hizo la tierra con su poder, el que puso en orden el mundo con su saber, y extendió los cielos con su sabiduría

Dios creó todo con sabiduría, incluso a los microbios. Cada uno tiene una función especial en su gran diseño. Aunque sean pequeños, Dios los pensó con detalle, y eso también nos recuerda lo valiosos que somos para Él.

Reflexión:

Aunque no veamos a los microbios, su trabajo es real. De la misma forma, a veces no vemos lo que Dios está haciendo en nuestra vida, pero Él siempre está obrando para nuestro bien.

Reto:

Investiga qué alimentos ayudan a los microbios buenos del estómago y compártelos con tu familia durante la comida.

Oración:

Señor, gracias por haberme creado de manera tan especial. Gracias por cuidar de mí incluso con cosas que no puedo ver. Ayúdame a mantener mi cuerpo sano y a confiar siempre en ti. Amén.

¿CÓMO SE PROPAGAN LAS ENFERMEDADES?

¿Alguna vez te ha pasado que alguien en la escuela se enfermó y, al poco tiempo, otros también comenzaron a sentirse mal?

Un dato súper interesante es que muchas enfermedades **se transmiten a través de microbios diminutos llamados virus o bacterias.** Estos microbios viajan en el aire cuando alguien estornuda o tose, o se quedan en las superficies, como las mesas o juguetes, esperando a que alguien los toque. ¡Son tan pequeños que no se pueden ver sin un microscopio!

Imagínalo así: **los microbios son como pequeños mensajeros invisibles que buscan un nuevo hogar en otro cuerpo.** Son como polvo que viaja con el viento. Si una persona no se cubre al toser o no se lava las manos, es como si abriera las ventanas de su casa en medio de una tormenta de polvo: ¡todo se llena de suciedad! Pero si uno se protege, es como cerrar las ventanas justo a tiempo.

La Biblia dice en Proverbios 4:7

Sabiduría ante todo; adquiere sabiduría; Y sobre todas tus posesiones adquiere inteligencia.

Dios quiere que seamos sabios y nos cuidemos. Eso incluye tener buenos hábitos para prevenir enfermedades, como cubrirse al estornudar, lavarse bien las manos y no compartir botellas o utensilios.

Reflexión:

Así como las enfermedades pueden propagarse rápido, también las buenas acciones, como una sonrisa o una palabra amable, pueden llegar muy lejos. **¿Qué estás compartiendo con los demás?**

Reto:

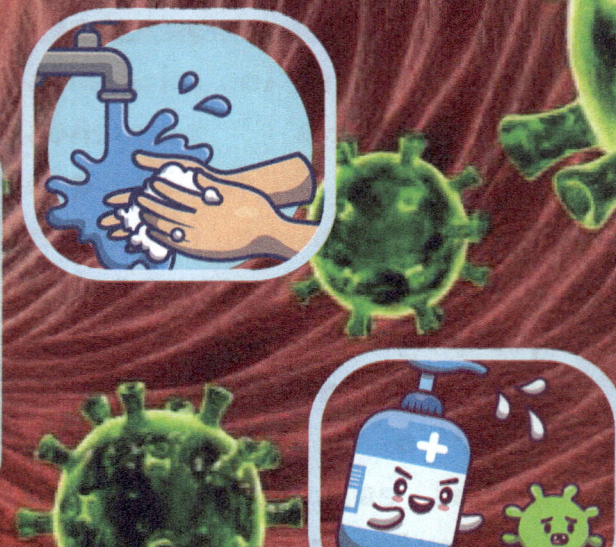

Hoy, elige una forma de cuidar a los demás: estornuda en tu codo, lava bien tus manos o **enseña a un amigo por qué es importante hacerlo.**

Oración:

Dios, gracias por cuidar mi cuerpo. Ayúdame a ser sabio, a protegerme y a compartir amor y salud con los que me rodean. Amén.

¿CÓMO FUNCIONA NUESTRO SISTEMA INMUNOLÓGICO?

¿Te has preguntado cómo tu cuerpo sabe cuándo estás enfermo y cómo lucha para que te sientas mejor?

Un dato Súper interesante es que el sistema inmunológico es como un ejército invisible dentro del cuerpo. Está formado por células especiales, como los glóbulos blancos, que reconocen y combaten a virus, bacterias y otros invasores. Este sistema recuerda a los enemigos que ha enfrentado antes para reaccionar más rápido la próxima vez.

Se puede imaginar como si tu cuerpo tuviera una fortaleza protegida por murallas y guardianes. Cada vez que un invasor intenta entrar, los soldados salen a defender el castillo. Algunos pelean directamente, otros avisan a más refuerzos, y otros guardan en su memoria cómo era el enemigo, para vencerlo más rápido si regresa.

La Biblia dice en Salmos 121:7

Jehová te guardará de todo mal; Él guardará tu alma.

Así como Dios protege nuestra vida espiritual y nos guarda del mal, el sistema inmunológico protege nuestro cuerpo de peligros que no podemos ver.

Reflexión:

Dios diseñó nuestro cuerpo de una forma increíble, con un sistema que nos defiende constantemente, incluso mientras dormimos. Esto nos recuerda que así como nuestro sistema inmunológico trabaja para cuidarnos físicamente, también debemos cuidar nuestro corazón y mente con la oración, la Palabra de Dios y la obediencia a Él.

Reto:

Esta semana, fortalecer el ejército del cuerpo comiendo frutas, verduras y descansando bien. También, orar cada día para que Dios proteja y fortalezca tanto el cuerpo como el espíritu.

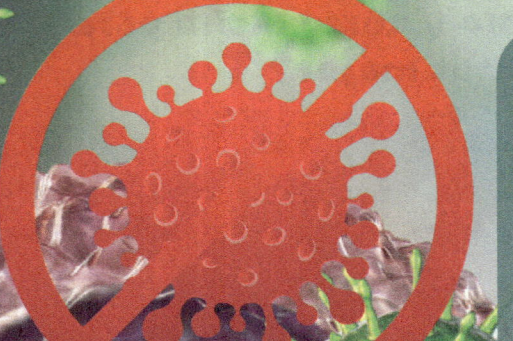

Oración:

Señor, gracias por el increíble sistema que creaste para defender mi cuerpo. Ayúdame a cuidarlo y también a proteger mi corazón siguiendo tu Palabra. Amén.

¿POR QUÉ ALGUNAS PERSONAS TIENEN ALERGIAS A CIERTOS ALIMENTOS?

¿Te ha pasado que conoces a alguien que no puede comer cacahuates, leche o mariscos porque le hace sentir mal?

Un dato Súper interesante es que las alergias ocurren cuando el sistema inmunológico confunde un alimento inofensivo con un peligro real. Entonces reacciona enviando señales de alarma al cuerpo, lo que puede causar picazón, hinchazón, estornudos o dolor de estómago. Aunque el alimento no es malo para la mayoría, para esa persona su cuerpo cree que está bajo ataque.

Es como si en una ciudad un guardia confundiera a un cartero con un ladrón. En lugar de recibirlo con una sonrisa, hace sonar la alarma y todo el ejército sale corriendo para detenerlo. El problema no es el cartero, sino que el guardia cometió un error de identificación.

La Biblia dice en Proverbios 4:23

Sobre toda cosa guardada, guarda tu corazón; porque de él mana la vida.

Así como el cuerpo a veces se confunde y protege de algo que no es peligroso, nosotros debemos aprender a cuidar nuestro corazón de cosas que realmente sí pueden dañarlo, como palabras malas, actitudes negativas o tentaciones, y no distraernos peleando contra lo que no importa.

Reflexión:

Dios nos hizo de forma maravillosa, pero también nos recuerda que necesitamos discernir qué cosas son realmente peligrosas y cuáles no. Cuidar el corazón y la mente es tan importante como cuidar el cuerpo.

Reto:

Hoy, identifica una cosa que te robe la paz y entregársela a Dios en oración, para que solo lo que es bueno y verdadero llene el corazón.

Oración:

Señor, gracias por el cuerpo tan increíble que creaste. Ayúdame a cuidarlo y a proteger mi corazón de lo que sí puede dañarlo, enfocándome siempre en lo que viene de Ti. Amén.

¿CÓMO SE HACEN LAS VACUNAS Y CÓMO AYUDAN A PREVENIR ENFERMEDADES?

¿Sabías que tu cuerpo tiene un ejército que siempre está listo para defenderte?

Un dato Súper interesante es que las vacunas entrenan a ese ejército, que es tu sistema inmunológico, para que reconozca y derrote a ciertos virus o bacterias antes de que puedan enfermarte. Para hacerlo, las vacunas utilizan versiones muy debilitadas o partes diminutas del microbio que no pueden causar daño, pero sí enseñan a las defensas a reconocerlo y reaccionar rápido si un día aparece el verdadero enemigo.

Es como si un equipo de bomberos hiciera simulacros de incendio: practican, aprenden la ruta y están listos para actuar cuando ocurra un fuego real. Las vacunas hacen lo mismo, pero dentro del cuerpo.

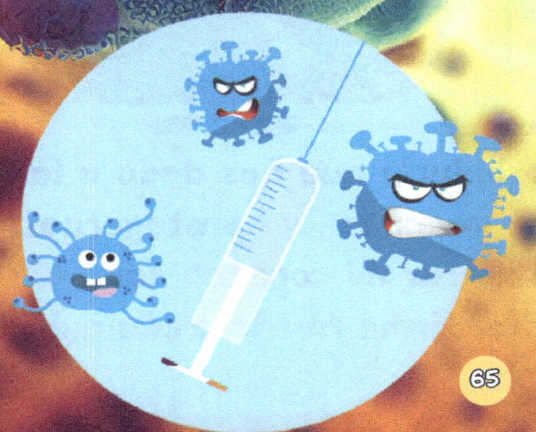

La Biblia dice en Efesios 6:11

Vestíos de toda la armadura de Dios, para que podáis estar firmes contra las asechanzas del diablo

Así como el cuerpo necesita entrenamiento para estar listo ante enfermedades, el corazón y la mente necesitan la armadura espiritual: la fe, la oración, la Palabra de Dios. No esperamos a que llegue el problema para prepararnos; nos fortalecemos antes.

Reflexión:

Dios nos dio un cuerpo increíble y también nos enseña a prepararnos espiritualmente. Una fe firme no se construye en medio de la batalla, sino antes, cuando día a día aprendemos a confiar en Él.

Reto:

Hoy, memoriza un versículo de la Biblia para que, así como el cuerpo recuerda cómo defenderse, el corazón recuerde las promesas de Dios en momentos difíciles.

Oración:

Señor, gracias por la sabiduría que has dado a las personas para crear vacunas y protegernos. Ayúdame también a preparar mi corazón cada día con Tu verdad, para estar firme frente a cualquier dificultad. Amén.

¿QUÉ ES UN VIRUS Y CÓMO NOS AFECTAN?

¿Alguna vez has visto cómo una pequeña chispa puede iniciar un gran incendio? Algo tan pequeño que parece inofensivo puede causar un gran cambio.

Un dato Súper interesante es que los virus son muchísimo más pequeños que una célula, y no pueden vivir por sí solos. Necesitan entrar a las células de un ser vivo para reproducirse, y cuando lo hacen, pueden enfermarnos. No todos los virus son iguales: algunos causan un resfriado leve, mientras que otros pueden provocar enfermedades más graves.

Se parecen a ladrones muy astutos que no pueden fabricar nada por sí mismos, pero que se cuelan en una fábrica (la célula) para usar sus máquinas y producir más copias de sí mismos. Mientras tanto, el sistema inmunológico trabaja sin descanso para encontrar y detener a estos intrusos.

La Biblia dice en Nahúm 1:7

Jehová es bueno, fortaleza en el día de la angustia; y conoce a los que en él confían

Así como el sistema inmunológico protege al cuerpo, Dios protege el corazón y la vida de quienes confían en Él. Aunque no podamos ver a los virus, sabemos que existen; de la misma forma, aunque no podamos ver a Dios con nuestros ojos, podemos sentir Su cuidado y amor cada día.

Reflexión:

Aunque los virus son pequeños, pueden afectar mucho. De la misma manera, cosas que parecen insignificantes como una mala actitud o un pensamiento negativo pueden crecer si no las detenemos a tiempo. Dios nos llama a mantenernos vigilantes y a confiar en Él para protegernos.

Reto:

Hoy, toma un momento para orar y pedirle a Dios que te ayude a mantener limpio no solo el cuerpo, sino también el corazón y la mente.

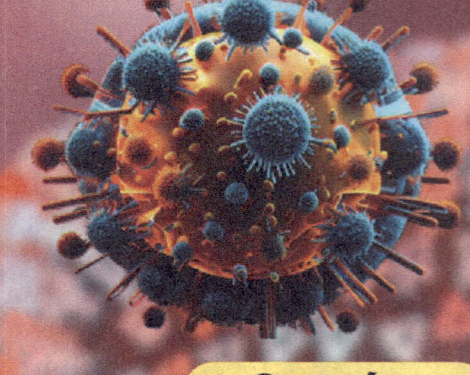

Oración:

Señor, gracias por el cuerpo que me diste y por las defensas que creaste para cuidarme. Ayúdame a estar alerta y a proteger mi vida con Tu verdad y Tu amor. Amén.

¿QUÉ SON LAS BACTERIAS Y CÓMO NOS AFECTAN?

¿Sabías que en tu cuerpo viven millones de bacterias en este mismo momento?

Las bacterias son organismos microscópicos que pueden vivir casi en cualquier lugar: en el agua, en la tierra, en el aire... ¡y hasta dentro de nosotros! No todas son malas. De hecho, muchas nos ayudan a digerir los alimentos, protegernos de microbios peligrosos y mantenernos sanos. Pero otras pueden enfermarnos si entran en nuestro cuerpo y se multiplican demasiado.

Imagina que tu cuerpo es como una ciudad. **Las bacterias buenas son como ciudadanos responsables: limpian, cuidan y protegen el lugar.** Pero cuando llegan visitantes que no siguen las reglas (bacterias malas), causan desorden y problemas, y el sistema de defensa del cuerpo tiene que actuar rápido para poner todo en orden.

La Biblia dice en Santiago 1:17

Toda buena dádiva y todo don perfecto desciende de lo alto, del Padre de las luces, en el cual no hay mudanza, ni sombra de variación.

Así como Dios creó bacterias buenas para nuestro bienestar, **también nos dio todo lo necesario para defendernos de las que nos pueden dañar.**

Reflexión:

En la vida también hay cosas buenas y cosas malas. **Dios nos llama a recibir lo bueno que Él nos da y a cuidarnos del mal,** no solo en nuestro cuerpo, sino también en nuestros pensamientos y **acciones.** Igual que cuidamos la salud, debemos cuidar nuestro corazón.

Reto:

Hoy, cuida una parte de tu vida como cuidarías tu cuerpo: limpia tu habitación, come algo saludable o aparta tiempo para orar.

Oración:

Señor, gracias por crearme de forma tan maravillosa y por darme defensas para proteger mi cuerpo. **Ayúdame a recibir lo bueno y apartarme de lo que me hace daño.** Amén.

¿QUÉ ES EL SISTEMA DIGESTIVO Y CÓMO FUNCIONA?

¿Alguna vez te has preguntado qué pasa con la comida después de que la masticas y la tragas?

Dentro de ti, hay un sistema increíble que se encarga de **convertir todo lo que comes en energía** para que puedas correr, aprender, jugar y crecer. **El sistema digestivo es como una gran fábrica perfectamente organizada.** Empieza en la boca, donde los dientes trituran los alimentos y la saliva los comienza a descomponer. Luego, viajan por el esófago hasta el estómago, que los mezcla con jugos especiales. Después, el intestino delgado absorbe los nutrientes que el cuerpo necesita, y el intestino grueso se encarga de desechar lo que no sirve.

Imagina que tu cuerpo es una gran ciudad, y el sistema digestivo es como una planta de procesamiento que transforma las materias primas (la comida) en electricidad y combustible para que todo funcione. **Sin esa energía, la ciudad se detendría.**

La Biblia dice en Corintios 10:31

Si, pues, coméis o bebéis, o hacéis otra cosa, hacedlo todo para la gloria de Dios

El simple acto de comer puede ser una manera de honrar a Dios, cuidando lo que ponemos en nuestro cuerpo.

Reflexión:

Dios nos diseñó con tanto detalle que hasta el proceso de digerir es parte de Su sabiduría. Así como el cuerpo necesita alimento bueno para funcionar, el alma necesita alimento espiritual: leer la Biblia, orar y estar cerca de Dios.

Reto:

Hoy, cuida lo que comes y agradece a Dios antes de cada comida. Recuerda que tu cuerpo es un regalo.

Oración:

Señor, gracias por darme un cuerpo tan asombroso y un sistema digestivo que me mantiene vivo y fuerte. Ayúdame a cuidarlo y a glorificarte con todo lo que hago. Amén.

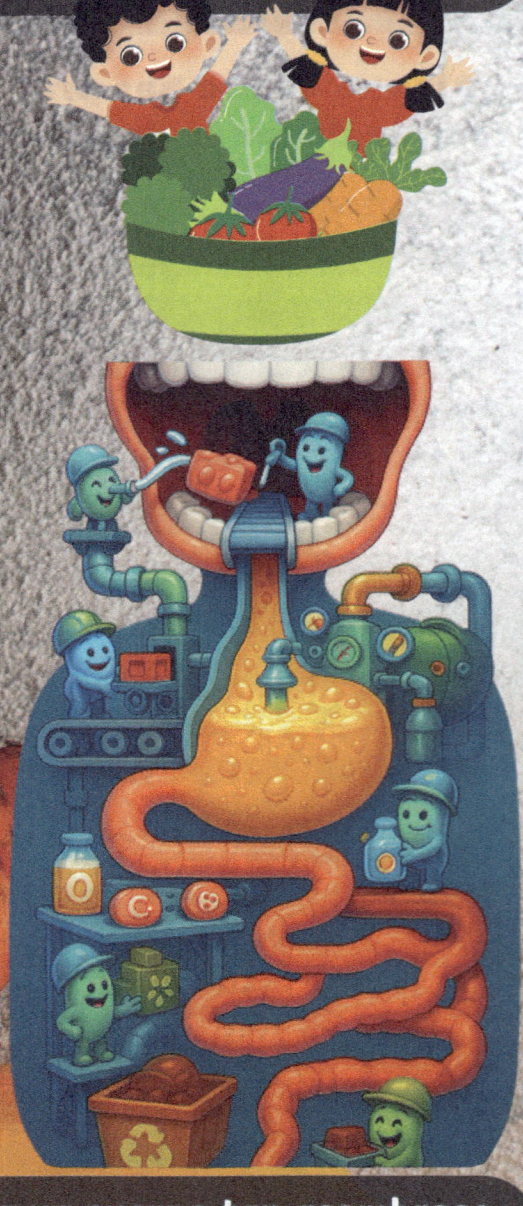

¿POR QUÉ NECESITAMOS BEBER AGUA?

¿Alguna vez se ha sentido mucha sed después de correr o jugar bajo el sol?

Un dato impresionante es que: ¡más del 60% del cuerpo humano está compuesto de agua! Eso significa que, sin agua, las células no podrían funcionar bien, los órganos dejarían de trabajar correctamente y el cuerpo se debilitaría. Cada vez que se bebe agua, el cuerpo se refresca, los músculos se fortalecen y hasta el cerebro piensa mejor. Sin embargo, cuando falta, uno se cansa, se siente débil y no puede concentrarse.

Es como una planta en una maceta. Cuando tiene suficiente agua, sus hojas están verdes, firmes y llenas de vida. Pero si se olvida regarla, pronto se ve marchita y seca. Así también el cuerpo necesita agua cada día para mantenerse fuerte y activo.

La Biblia dice en Juan 4:14

Mas el que bebiere del agua que yo le daré, no tendrá sed jamás; sino que el agua que yo le daré será en él una fuente de agua que salte para vida eterna.

Reflexión:

Así como el cuerpo necesita agua física para vivir, el corazón necesita del agua espiritual que es Jesús. Solo Él puede llenar la vida de gozo, paz y propósito.

Reto:

Cada vez que bebas un vaso de agua hoy, recuerda que Jesús es el agua viva que sacia el alma.

Oración:

Señor, gracias por el regalo del agua que refresca y da vida al cuerpo. Ayuda a recordar que Tú eres el agua viva que llena el corazón y da vida eterna. Amén.

¿POR QUÉ NOS DA HIPO?

¿Alguna vez se ha sentido un sonido extraño salir del pecho sin poder detenerlo?

Ese sonido es el hipo. Un dato curioso es que el hipo sucede cuando el diafragma, que es el músculo que ayuda a respirar, se mueve de manera repentina y sin control. Esto provoca que el aire entre rápidamente a los pulmones y las cuerdas vocales se cierren, produciendo ese sonido gracioso: ¡hip!

El hipo puede aparecer por comer demasiado rápido, beber bebidas con gas, cambios de temperatura o incluso por reírse mucho. Aunque suele durar solo unos minutos, a veces puede ser incómodo. Lo interesante es que el hipo nos recuerda que el cuerpo tiene muchas formas de reaccionar y protegerse.

Es como cuando en una orquesta un instrumento toca una nota fuera de lugar. Toda la música se escucha interrumpida, pero luego vuelve a la melodía correcta. El hipo es esa nota inesperada que interrumpe la respiración normal, pero pronto el cuerpo se ajusta y todo vuelve a la calma.

La Biblia dice en Juan 16:33

Estas cosas os he hablado para que en mí tengáis paz. En el mundo tendréis aflicción; pero confiad, yo he vencido al mundo

Así como no podemos controlar cuándo aparece el hipo, en la vida también surgen cosas que no esperamos. Pero Jesús nos recuerda que, aunque haya interrupciones y momentos difíciles, podemos tener paz porque Él está en control.

Reflexión:

El hipo enseña que no todo está en nuestras manos, pero sí podemos confiar en Aquel que tiene dominio sobre todo.

Reto:

La próxima vez que llegue el hipo, recordar este versículo y decir en voz baja: Confío en ti, Jesús, como un recordatorio de que Él tiene el control de todo.

Oración:

Señor, gracias porque aun en lo inesperado me das paz. Ayúdame a confiar siempre en que Tú has vencido al mundo. Amén.

¿POR QUÉ SUDAMOS CUANDO HACE CALOR?

¿Te ha pasado que al correr o estar bajo el sol comienzas a sentir gotas de agua en tu frente?

Eso es sudor, y aunque a veces resulta incómodo, es una de las maneras más sorprendentes que Dios creó para cuidar al cuerpo. Un dato Súper interesante es que el sudor en sí mismo es mayormente agua con un poco de sal. Al salir por los poros de la piel y evaporarse, enfría la superficie del cuerpo. Así, cuando hace calor o se hace ejercicio, el sudor actúa como un aire acondicionado natural que evita que el cuerpo se sobrecaliente.

La Biblia dice en 1 Corintios 3:16

¿No sabéis que sois templo de Dios, y que el Espíritu de Dios mora en vosotros

Es como cuando un carro en movimiento usa un radiador para enfriarse y no dañar el motor. El cuerpo humano tiene su propio radiador integrado: el sudor. Sin él, correr o jugar bajo el sol podría ser muy peligroso.

El cuerpo es un regalo precioso que debe ser cuidado. Dios lo diseñó con mecanismos de protección asombrosos, como el sudor, para mantenerlo en equilibrio.

Reflexión:

El sudor enseña que Dios pensó en cada detalle del cuerpo para protegerlo. Así como se cuida físicamente al hidratarse y descansar, también es necesario cuidar el corazón y la mente como templo de Dios, llenándolos de cosas que agraden a Él.

Reto:

Hoy, después de hacer ejercicio o jugar, recuerda beber agua y agradecer a Dios por haber creado el cuerpo con tanta perfección.

Oración:

Señor, gracias por el sudor que me ayuda a mantenerme sano y fresco. Enséñame a cuidar mi cuerpo y también mi corazón, porque soy tu templo. Amén.

¿Cómo se mueve la comida a través del sistema digestivo?

¿Alguna vez te has preguntado cómo llega la comida desde la boca hasta el estómago y más allá?

Un dato Súper interesante es que, después de masticar y tragar, la comida no cae simplemente por gravedad. En realidad, el sistema digestivo tiene un movimiento especial llamado peristaltismo, que son contracciones de los músculos que empujan la comida poco a poco, como si fueran olas que avanzan. Este proceso sigue funcionando aunque uno esté acostado o incluso de cabeza.

Es como una cinta transportadora en una fábrica. Cuando los productos entran, la banda los va moviendo suavemente hasta que llegan al lugar donde deben procesarse. De la misma manera, el peristaltismo lleva los alimentos a través del esófago, el estómago y los intestinos para que el cuerpo pueda obtener la energía que necesita.

La Biblia dice en Romanos 11:36

Porque de él, y por él, y para él, son todas las cosas. A él sea la gloria por los siglos. Amén.

Esto recuerda que hasta el detalle más pequeño, como la forma en que la comida se mueve dentro del cuerpo, fue diseñado por Dios con sabiduría. **Nada en el cuerpo ocurre por casualidad; todo tiene un propósito.**

Reflexión:

Así como la comida necesita avanzar paso a paso en el cuerpo para cumplir su función, también la vida cristiana avanza poco a poco, guiada por Dios. **Cada paso cuenta, y cada proceso tiene un propósito.**

Reto:

Hoy, mientras comes, **detente un momento para pensar en cómo Dios diseñó el cuerpo de forma tan perfecta,** y agradece por ese regalo.

Oración:

Señor, **gracias porque cuidaste hasta los detalles invisibles de mi cuerpo.** Ayúdame a avanzar cada día en tu camino, paso a paso, confiando en que Tú tienes un propósito para mí. Amén.

¿POR QUÉ NECESITAMOS RESPIRAR?

¿Te has dado cuenta de que aunque puedes dejar de mover las manos o de correr por un rato, nunca puedes dejar de respirar por mucho tiempo?

Un dato Súper interesante es que cada vez que se respira, el aire entra a los pulmones y lleva oxígeno a la sangre. Ese oxígeno viaja a cada rincón del cuerpo para que las células tengan energía y puedan funcionar. Sin respirar, las células no podrían vivir, y el cuerpo se apagaría como una lámpara sin electricidad.

Imagina que el cuerpo es como una fogata. Para que el fuego siga ardiendo, necesita oxígeno. Si se tapa la fogata, la llama se apaga. Así mismo, el cuerpo necesita oxígeno constantemente para que su llama de vida siga encendida.

La Biblia dice en Génesis 2:7

Y Jehová Dios formó al hombre del polvo de la tierra, y sopló en su nariz aliento de vida; y fue el hombre un ser viviente.

Esto nos enseña que desde el principio fue Dios quien dio el aliento de vida. Cada respiro que se toma es un recordatorio de que Él sostiene la vida en todo momento.

Reflexión:

Respirar es algo tan común que a veces no se piensa en ello, pero es un regalo constante de Dios. Así como el cuerpo necesita oxígeno para vivir, el corazón necesita a Dios cada día para tener verdadera vida.

Reto:

Hoy, respira profundo tres veces, y da gracias a Dios en silencio por el aliento de vida que regala.

Oración:

Señor, gracias porque cada respiración viene de Ti. Ayúdame a recordar que dependo de Tu aliento y que mi vida está en tus manos. Amén.

¿QUÉ ES EL SISTEMA CIRCULATORIO Y CÓMO FUNCIONA?

¿Te has preguntado cómo llega el oxígeno que respiras a cada parte de tu cuerpo o cómo la comida que comes se convierte en energía para tus músculos?

El sistema circulatorio es como una red de carreteras internas que mide más de 96,000 kilómetros de largo. ¡Eso es suficiente para darle la vuelta a la Tierra más de dos veces! En estas carreteras viaja la sangre, que lleva oxígeno, nutrientes y defensas a cada célula del cuerpo.

Imagina tu cuerpo como una gran ciudad. El corazón es como una poderosa estación central de bombeo que nunca se detiene, enviando trenes (la sangre) por todos los rieles (las venas y arterias). Cada tren lleva paquetes con oxígeno y alimento, entregándolos en cada casa (las células). Sin esta red, la ciudad se apagaría por completo.

La Biblia dice en Proverbios 4:23

Sobre toda cosa guardada, guarda tu corazón; porque de él mana la vida.

Así como el sistema circulatorio mantiene al cuerpo en funcionamiento, un corazón lleno de amor y fe mantiene viva la relación con Dios.

Reflexión:

El corazón late sin detenerse día y noche, recordando que la vida es un regalo constante de Dios. Así como la sangre circula sin cesar, la fe debe fluir en cada área de la vida.

Reto:

Hoy, pon tu mano en el pecho y siente tu corazón latir. Cada latido es un regalo de Dios. Tómate un momento para darle gracias por la vida.

Oración:

Señor, gracias por mi corazón y por el sistema circulatorio que me mantiene vivo. Ayúdame a cuidar mi cuerpo y, sobre todo, a mantener limpio mi corazón delante de Ti. Amén.

¿QUÉ ES EL SISTEMA ÓSEO Y CÓMO FUNCIONA?

¿Has pensado qué pasaría si tu cuerpo no tuviera huesos? Sería imposible mantenerse de pie, correr o incluso sentarse derecho.

Un dato Súper interesante es que **el cuerpo humano tiene 206 huesos,** y todos trabajan juntos para darnos forma, sostenernos y proteger órganos vitales como el corazón, los pulmones y el cerebro. Además, **dentro de algunos huesos se produce la médula ósea, que fabrica glóbulos rojos para llevar oxígeno a todo el cuerpo. ¡Los huesos no solo son soporte, también dan vida!**

Imagina que el cuerpo es como una casa. Los huesos son las columnas y vigas que la mantienen firme. Sin ellas, las paredes se caerían y el techo no tendría sostén. De la misma manera, **el sistema óseo es la estructura que permite que todo lo demás funcione en orden.**

La Biblia dice en Salmos 28:7

Jehová es mi fortaleza y mi escudo; en él confió mi corazón, y fui ayudado; por lo que se gozó mi corazón, y con mi cántico le alabaré

Así como los huesos sostienen el cuerpo, Dios es quien sostiene la vida y da verdadera fortaleza. Los huesos pueden quebrarse, pero el poder de Dios nunca se rompe ni falla.

Reflexión:

El sistema óseo enseña que cada parte, por pequeña que sea, cumple una función esencial. Así también, cada persona tiene un propósito en el plan de Dios. Y más aún, la verdadera fuerza proviene de confiar en Él.

Reto:

Hoy, al moverte, correr o saltar, recuerda dar gracias a Dios por los huesos que sostienen tu cuerpo y piensa en cómo Él sostiene tu vida cada día.

Oración:

Señor, gracias por el regalo de mi sistema óseo y porque me diste fortaleza para vivir. Ayúdame a recordar que Tú eres mi verdadero sostén y que en Ti siempre puedo confiar. Amén.

¿Cómo se originaron los elementos químicos en el universo?

¿Te has preguntado de dónde vienen las cosas que forman todo lo que existe, desde las estrellas hasta tu propio cuerpo?

Un dato Súper interesante es que los elementos químicos, como el oxígeno que respiras, el calcio de tus huesos o el hierro en tu sangre, se formaron en el interior de las estrellas. Cuando esas estrellas explotaron, liberaron los materiales que hoy forman planetas, montañas, mares y también a los seres humanos. ¡Literalmente, estamos hechos de polvo de estrellas!

Imagina una gran cocina cósmica. En ella, las estrellas son como hornos gigantes que, con su calor y energía, mezclan y transforman ingredientes para producir los elementos. Sin esos hornos estelares, no habría agua, aire, tierra ni vida.

U Ni V Er Se

La Biblia dice en Salmos 147:4

Él cuenta el número de las estrellas; a todas ellas llama por sus nombres

El mismo Dios que creó las estrellas y los elementos también te formó a ti con un propósito especial. No eres un accidente cósmico, sino una obra cuidadosamente diseñada por el Creador del universo.

Reflexión:

Cada átomo de tu cuerpo es parte de un plan mucho más grande. Así como los elementos se unieron para dar forma a la vida, Dios une cada detalle de tu historia para mostrar Su gloria. Saber que fuimos creados con tanto cuidado nos debe llevar a vivir agradecidos y confiados en Él.

Reto:

Esta semana, cada vez que observes el cielo, recuerda que el mismo Dios que formó las estrellas también te creó y te conoce por tu nombre.

Oración:

Señor, gracias porque Tú eres el Creador de todo, desde lo más grande hasta lo más pequeño. Ayúdame a recordar que fui hecho con propósito y que Tú me sostienes cada día. Amén.

¿CÓMO SE FABRICAN LOS PLÁSTICOS?

¿Alguna vez te has preguntado de qué están hechos los juguetes, las botellas o incluso algunos de tus útiles escolares?

Un dato Súper interesante es que los plásticos no se encuentran en la naturaleza tal cual. La mayoría se fabrica a partir del petróleo o del gas natural. En un laboratorio o fábrica, los científicos toman estas sustancias y las transforman en cadenas largas llamadas polímeros. Dependiendo de cómo se unan estas cadenas, se obtienen plásticos duros, flexibles, transparentes o de colores.

La Biblia dice en Génesis 1:31

Todo lo que Dios hizo es bueno en gran manera.

Es como si fueran cuentas de un collar. Una sola cuenta no sirve de mucho, pero cuando se unen miles, se forma una cadena fuerte y útil. De la misma manera, los plásticos se forman al unir miles de pequeñas moléculas que, al estar juntas, pueden convertirse en muchísimas cosas.

Dios creó todo lo necesario para que el ser humano pudiera usar los recursos de la tierra y transformarlos en objetos útiles. Sin embargo, también quiere que seamos responsables. El plástico puede servir para bien, pero si no se cuida, puede contaminar la naturaleza que Dios nos dio.

Reflexión:

El plástico enseña que los materiales de la creación pueden ser usados para construir o para dañar. Depende de cómo los utilicemos. Dios nos llama a ser sabios y a cuidar la tierra, usando lo que tenemos de manera responsable.

Reto:

Hoy, busca una manera de reutilizar o reciclar un objeto de plástico en lugar de tirarlo.

Oración:

Señor, gracias porque diste al ser humano la capacidad de transformar materiales para crear cosas útiles. Enséñame a ser responsable y a cuidar de tu creación. Amén.

¿CÓMO SE PRODUCE UN DIAMANTE?

¿Sabías que los diamantes, esas piedras preciosas tan brillantes y valiosas, comienzan siendo simplemente carbón común?

Un dato Súper interesante es que los diamantes se forman en lo profundo de la Tierra, bajo una presión inmensa y temperaturas extremadamente altas. Con el tiempo, ese carbón negro se transforma en un cristal transparente y duro, considerado el material natural más duro del mundo.

Es como si un pedazo de carbón pasara por una escuela de presión que lo transforma en algo hermoso y valioso. Sin esa presión y calor, nunca se convertiría en un diamante.

La Biblia dice en Romanos 8:28

Y sabemos que a los que aman a Dios, todas las cosas les ayudan a bien, esto es, a los que conforme a su propósito son llamados

Así como el carbón necesita pasar por presión y calor para transformarse, también en la vida a veces se enfrentan momentos difíciles que parecen muy pesados. Pero Dios usa esas situaciones para formar algo valioso en cada persona: carácter, fe y confianza en Él.

Reflexión:

Los diamantes nos enseñan que lo valioso no aparece de inmediato, sino que se forma con tiempo y resistencia. De la misma manera, Dios usa los desafíos para sacar lo mejor de nosotros y transformarnos en algo precioso a sus ojos.

Reto:

Hoy, cuando enfrentes algo que parezca difícil, recuerda que Dios puede usarlo para tu bien, y dile en oración: Señor, hazme brillar como un diamante en tus manos.

Oración:

Señor, gracias porque me recuerdas que los momentos difíciles pueden ser parte de tu plan para formarme. Ayúdame a confiar en que estás obrando en mí y a brillar para tu gloria. Amén.

¿POR QUÉ ALGUNAS SUSTANCIAS SON SÓLIDAS Y OTRAS LÍQUIDAS O GASEOSAS?

¿Te has preguntado por qué el hielo es duro, el agua es líquida y el vapor es invisible?

Un dato Súper interesante es que todo depende de cómo se acomoden las partículas de cada sustancia. **En los sólidos, las partículas están muy juntas** y apenas se mueven, lo que les da una forma fija. **En los líquidos, las partículas están más separadas** y se deslizan unas sobre otras, por eso pueden tomar la forma del recipiente. **En los gases, las partículas están muy alejadas** y se mueven rápidamente en todas direcciones, llenando cualquier espacio.

Imagina un grupo de niños en el recreo. Cuando están todos formados y quietos, se parecen a un *sólido*. Si empiezan a caminar en fila, moviéndose pero todavía juntos, serían como un *líquido*. Pero si cada uno corre en todas direcciones por el patio, ¡eso se parece a un *gas*!

La Biblia dice en Hechos 17:28

Porque en él vivimos, y nos movemos, y somos; como algunos de vuestros propios poetas también han dicho: Porque linaje suyo somos

Así como las partículas se mueven y cambian de acuerdo a cómo están organizadas, la vida también tiene momentos en que uno se siente firme, otros en que fluye como agua, y otros en que parece ir en todas direcciones. Pero **todo ocurre dentro del cuidado y propósito de Dios, en quien realmente vivimos, nos movemos y somos.**

Reflexión:

El orden de las partículas en la materia nos enseña que Dios es quien da estructura, movimiento y vida. Sin Él, todo estaría sin forma ni dirección.

Reto:

Hoy observa el agua en tres estados (sólido, líquido y gas) y recuerda que **Dios sostiene cada detalle de la creación… ¡y también tu vida!**

Oración:

Señor, **gracias porque en Ti tengo forma, propósito y vida.** Ayúdame a recordar que Tú sostienes todo, desde las partículas más pequeñas hasta el universo entero. Amén.

¿QUÉ SON LAS REACCIONES QUÍMICAS Y CÓMO OCURREN?

¿Has visto alguna vez cómo un papel se quema y se convierte en ceniza o cómo el vinagre y el bicarbonato juntos hacen espuma? Eso es una reacción química.

Un dato Súper interesante es que en una reacción química las sustancias cambian su estructura para convertirse en algo nuevo. Algunas reacciones son rápidas, como una explosión, y otras lentas, como el óxido que aparece en el hierro con el tiempo. Gracias a estas reacciones, el cuerpo puede obtener energía de los alimentos, las plantas pueden crecer y hasta respirar es posible.

Imagina un rompecabezas. Si se mueven las piezas y se reorganizan de otra forma, aparece una nueva figura. Así ocurre en una reacción química: los átomos se reacomodan para dar lugar a una sustancia distinta.

La Biblia dice en 2 Corintios 5:17

De modo que si alguno está en Cristo, nueva criatura es; las cosas viejas pasaron; he aquí todas son hechas nuevas.

Así como en una reacción química algo viejo se transforma en algo nuevo, Dios puede transformar la vida de una persona. Cuando alguien le entrega su corazón, Él cambia lo que antes estaba roto y lo convierte en algo hermoso y lleno de propósito.

Reflexión:

Las reacciones químicas muestran que los cambios profundos sí son posibles. Dios obra de la misma manera en la vida: transforma lo ordinario en extraordinario y lo débil en fuerte.

Reto:

Hoy, observa una pequeña reacción (como ver cómo el jabón limpia la grasa o cómo el limón cambia el color de una manzana cortada) y recuerda que Dios también puede producir cambios sorprendentes en ti.

Oración:

Señor, gracias porque me recuerdas que Tú haces nuevas todas las cosas. Transforma mi vida cada día para reflejar Tu amor y tu gloria. Amén.

¿POR QUÉ ALGUNAS SUSTANCIAS SON TÓXICAS?

¿Alguna vez has escuchado que no debes comer ciertas plantas, probar productos de limpieza o tomar agua contaminada?

Eso es porque existen sustancias que son tóxicas, es decir, que pueden dañar al cuerpo si entran en contacto con él. Un dato Súper interesante es que lo que hace que algo sea tóxico no siempre es la sustancia en sí, sino la cantidad. Por ejemplo, el agua es vital para vivir, pero si se toma demasiada en poco tiempo, también puede ser peligrosa. Las sustancias tóxicas afectan a las células e impiden que funcionen correctamente, lo que puede causar enfermedades o, en algunos casos, la muerte.

Imagina que el cuerpo es como una ciudad llena de trabajadores. Cuando llega una sustancia buena, ayuda a que la ciudad funcione mejor, como un camión que trae comida fresca. Pero cuando entra algo tóxico, es como un camión cargado de basura que bloquea las calles y enferma a la ciudad.

La Biblia dice en 1 Corintios 15:33

No erréis; las malas conversaciones corrompen las buenas costumbres

Así como el cuerpo puede enfermarse con sustancias tóxicas, también el corazón y la mente pueden dañarse con malas influencias o decisiones equivocadas. Dios quiere que estemos atentos a lo que dejamos entrar en nuestra vida.

Reflexión:

El aprendizaje es claro: no todo lo que parece inofensivo conviene. Así como se cuida el cuerpo de lo tóxico, también se debe cuidar el corazón de lo que puede apartar de Dios.

Reto:

Hoy identifica una toxicidad en tu vida: puede ser un mal hábito, una palabra negativa o una influencia dañina, y decide alejarte de ella con la ayuda de Dios.

Oración:

Señor, gracias por darme entendimiento para reconocer lo que me hace bien y lo que me puede dañar. Ayúdame a cuidar mi cuerpo y mi corazón, y a alejarme de lo que me aparta de Ti. Amén.

¿QUÉ ES UN ÁTOMO Y CÓMO LOS PODEMOS VER?

¿Sabías que todo lo que ves a tu alrededor está formado por partículas tan diminutas que no se pueden ver con los ojos? Esas partículas se llaman átomos.

Un dato Súper interesante es que los átomos son tan pequeños que en la punta de un lápiz cabrían millones de ellos. Cada átomo está formado por un núcleo (con protones y neutrones) y electrones que giran alrededor como pequeños planetas. No se pueden ver con un microscopio normal, sino con instrumentos muy poderosos llamados microscopios electrónicos o con técnicas especiales que permiten fotografiarlos.

La Biblia dice en Hebreos 11:1

Es pues la fe la certeza de lo que se espera, la convicción de lo que no se ve

Aunque no se puedan ver los átomos, se confía en que existen porque se ven sus resultados en todo lo creado. De la misma manera, aunque no se vea a Dios con los ojos, se puede creer en Él porque su obra está en todo lo que nos rodea y en cada detalle de la vida.

Reflexión:

Los átomos enseñan que lo invisible sostiene lo visible. Dios, aunque invisible, sostiene y mantiene todo en orden. Cada respiro, cada latido y cada parte de la creación son pruebas de Su presencia.

Reto:

Hoy, observa algo pequeño, como un grano de sal o una semilla, y recuerda que Dios creó incluso lo que no se puede ver.

Oración:

Señor, gracias porque Tú sostienes todo, desde los átomos invisibles hasta el universo entero. Ayúdame a confiar en Ti aunque no pueda verte, sabiendo que siempre estás conmigo. Amén.

Conclusión

Este libro ha sido un recorrido por algunos de los secretos más fascinantes de la creación: desde lo invisible de los átomos hasta lo inmenso de las estrellas. A través de estos 50 devocionales hemos tratado de mostrar que la ciencia no se opone a la fe, sino que, cuando se mira con ojos de asombro, se convierte en una ventana para contemplar al Creador. Nuestra esperanza es que cada página te haya recordado que Dios está presente en los detalles más pequeños y en los paisajes más grandiosos, y que Su amor eterno sostiene todo lo que existe. Que este conocimiento te inspire no solo a aprender más, sino también a confiar más en Aquel que hizo todas las cosas.

Made in the USA
Coppell, TX
07 October 2025